不安は解消できる

金田由美子
Kaneda Yumiko

a pilot of wisdom

まえがき　介護不安とは何か

健康で長生きしたい、できるならば誰にも迷惑をかけずに人生をまっとうしたいというのは、誰しもが抱く切実な願いです。

しかし現実は、そううまくはいかないのは周知の通りです。ある日突然、病に倒れる、事故に遭うなど、まったく予期せぬことが起こります。そして、そういった日がいつ来るのか、誰もまったく予測がつきません。このまったく予測がつかないというのが、私たちにさまざまな不安を抱かせるのです。

不安とは、何かはわからないけれど、良くないことが起こりそうだという感情、危険なことが迫ってくるのではないかという漠然とした怖《おそ》れであり、人間が生きている限り、誰もが感じてしまうものです。

もちろん、介護についても不安はあるでしょう。今は元気でも、将来、自分が介護される立場になるのか、家族が倒れて介護をする立場になるのか、そうなるとしたら、それがいつなのか、まったくわかりません。できれば、いずれの立場にもなりたくないというのが本心でしょうが、一方で介護は避けて通れないだろうという予感が交錯します。

将来の介護に対する不安材料をあげると、枚挙にいとまがありません。

・誰が介護をするのか。
・どこで介護するのか。住み慣れた自宅や地域での介護は可能なのだろうか。
・いろいろ相談したいときは、どこへ行ったらよいのだろうか。
・介護を支えてくれるサービスには何があり、どうすれば受けられるのだろうか。
・介護のための費用（経済的な負担）はどのくらいかかるのだろうか。
・介護や介助するための技術は、何をどう身につけておいたらよいのだろうか。
・介護による精神的、肉体的な負担は、どうしたら解消できるのだろうか。
・介護される方の不自由さ、精神的な苦痛は、どのようにケアをしたらよいのだろうか。
・介護の問題で、家族間の人間関係は損なわれないだろうか。

こうしたさまざまな介護不安を抱えたままで、私たちは良いのでしょうか。気を紛らわすことによって、一時的に不安から逃避できたとしても、不安材料が存在する限り、またいつか不安感におそわれるという悪循環に陥ることは目に見えています。

介護に対する不安を一〇〇パーセントゼロにすることはむずかしいでしょう。しかしながら、介護の何が不安なのかを明らかにし、いざ介護となる前に、それらにどう対応したら良いかを知っておくことで、不安はだいぶ和らぎます。

介護を経験した人からは、「あらかじめ、いろいろ知っていたら、こんなに苦労しなかったのに」といった嘆きの声が数多く聞こえてきます。介護を終えてから、「あのとき、ああすれば良かった、こうすれば良かった」といくら思っても、後の祭りです。肝心なことを知らなかったがために、取り返しのつかないことになってしまっては、悔やんでも悔やみ切れません。

介護そのものもつらいかもしれませんが、十分な介護が思うようにできないこともつらいのではないでしょうか。

避けて通れないかもしれない介護に、悔いは残したくないものです。

本書は、介護のマニュアル本ではありません。元気な今のうちから、介護の実情を知り、介護に対する誤ったイメージや思い込みを払拭し、介護を他人事《ひとごと》ではなく自分の問題として関心をもち、介護不安を少しでもなくしていただくことのお役に立つことをねらいとするものです。

目次

序章　避けては通れない介護

「死ぬる」ということ

「死ぬる」という言葉をご存じですか？

私がこの言葉をはじめて聞いたのは、愛媛県の友人・中矢暁美氏（託老所あんき代表）からでした。それまで勤めていた職場を辞めたと報告をしたとき、彼女から「金田さんもそろそろ、自分の『死ぬる』ところをつくらなあかんね」と言われたのです。意味はそれとなくわかりましたが、この「死ぬる」という言葉が強烈な印象として残りました。彼女はまさしく「自分の『死ぬる』ところづくり」として、託老所あんきという介護サービスを地域につくったのです。

この「死ぬる」という言葉の印象を三好春樹氏（理学療法士・生活とリハビリ研究所主宰）に話すと、西の地域では普通に使われているようで、広島出身の氏にとっては、私が強烈な印象をもったことのほうが印象的だったと今でも言われてしまいます。

そして、次のような説明をしてくださいました。

「『死ぬ』は『生まれる』に対応し、一瞬のことだが、『死ぬる』は『生きる』に対応し、時間の幅がある」と。

つまり私たちは、「生きる〜死ぬる」のなかにいるということなのでしょう。より良く生きていくことが、より良く死ぬることへとつながっていれば何も問題はないのですが、このより良く死ぬることがなかなかむずかしいようなのです。

誰でも介護を受けてまで長生きしたくない、できればポックリ最期を遂げたいと願うわけです。でも現実的にはそれもむずかしいとなると、さらに不安になり、なんとか介護を受けないですむように予防できないかと考え、介護予防と名のつくものを次々やってみたりします。それでも不安は拭《ぬぐ》い去れず、恐怖心を募らせていくという悪循環のなかにいる方も大勢います。

ましてや、親の介護が目前に迫っている方にとっては、さらに深刻になっていることでしょう。

避けては通れない介護

少し問題を整理して考えてみましょう。

人生の最後に「死」があることは避けられませんが、医学の進歩の結果として、病気にしてもケガにしても、昔だったら救えなかった命が、今はだいぶ救えるようになったことは事実です。

たとえば、脳血管障害です。もっともっと医学が進歩したら、詰まったり切れたりした脳血管が再生できて、その間に起きていたさまざまな障害も元に戻り、後遺症もなく暮らせるようになるかもしれません。でも今は、命は救えても後遺症が残り、介護を必要とする方がいらっしゃるという段階です。

アルツハイマー病やピック病のように認知症と言われる脳の病気も、研究が進んでやがては治るようになるのかもしれませんが、今は解明の途中で、その病気の進行と共に介護が必要になっている方もいらっしゃいます。

平和な世の中が続いていることも、高齢者が増えている要因です。二〇歳で太平洋戦争の終戦を迎えた人は、もう八〇歳を超えています。六〇年以上も戦争のない平和な世の中だから長生きができているわけで、これもありがたいこととして認めざるを得ないことです。介護を受けながらも暮らしていける世の中に、まず感謝というところでしょう。

その結果、福祉や医療に多額の予算が必要となったのも事実ですが、このような恩恵を、まるで困ったことのようにいう世の中って、いったい何でしょう。産院が減り、赤ちゃんを産む人が困り、高齢者が増え、お金がいくらあっても足りないと嘆く世の中って何でしょう。

以前に関わった介護施設の事業計画の最初に、「長生きすること・できることを、素直に喜べる地域づくりをしましょう」と書きました。一九九六（平成八）年のことです。それからの世の中の移り変わりが、どんどん悪いほうへ流れているように思えてなりません。その結果が、人々に老いることへの恐怖や、介護を受けて暮らすことを罪悪のように思わせることにつながっているのだと思います。

本書は、いつまでも若々しく暮らすことや脳卒中にならない方法、呆《ぼ》けない秘訣《ひけつ》をお伝えするものではありません。老いを上手に受け入れ、脳卒中で片マヒになっても、呆けても、最後まで自分らしく生きていくことを可能にしましょうと励ます本です。そして、そのためにはどんな準備をしたらよいのか、どんな制度があるのかを知り、将来の介護不安に備えていただくための本です。

誰でも自分のこととして考えたくない「老い」と「介護」と「死」ですが、まずそれを他人事として避けて通ってきたことが間違いであったことを認めた上で、読み進んでいただければ幸いです。

第一章　いずれは老親の介護が待っている

眠っていた感覚が目を覚ます

私が介護の仕事をはじめたのは、三三歳のときでした。高校を卒業して三年ほどOL生活をしたあとに結婚、二人の子どもに恵まれ、平凡な専業主婦を五年間していました。都内のアパート暮らしから、神奈川県相模原市の一戸建てに居を移すと同時に、私の母と同居することになりました。当然住宅ローンの返済など家計費の補いが必要となり、パート勤めに出ることになりました。スーパーのレジ係を五年やり、子ども二人が小学校にあがったのを機に、そろそろパートから正社員で働ける仕事を探そうと思い立ちました。

でも、世の中はそんなに甘くありませんでした。簿記・算盤《そろばん》の資格がありましたが、「この資格さえあれば食べていける」と言われていた時代からときは移り変わり、すでに計算機が主流になっていました。それよりショックだったのは、世の中が事務系の女性には「若さ」を求めていたことでした。三〇歳をすぎていたので、まず年齢制限に引っかかり、仕事探しの日々が続きました。この職探しで、簡単に事務系の仕事が見つかっていれば、今の私はいないわけで、当時は就職できずに不運と思いましたが、人生は何が幸いするかわかりません。

この職探しの間に、義父が足を骨折して入院することになりました。同居はしていませんでしたが、病院に行き、食事の配膳《はいぜん》を手伝ったり尿瓶《しびん》の尿を捨てたりしながら、ふと「私、こういう仕事嫌いじゃないな」と感じたのです。

実は子どものころ、ナイチンゲールの伝記を読み、「看護師になろう」と思ったことがあったのです。そのことを、私をとても可愛がってくれていた母方の祖父に言うと、「そんなもんに、なるもんじゃない」と一喝されてしまいました。明治生まれの九州男児で、元銀行マンという堅物を絵に描いたような祖父には、可愛い孫が看護師になるなどということは、考えたくもなかったのでしょう。昔はそれくらい看護師の地位は低かったと、母にあとから聞かされました。でも病院に出入りして、義父の身のまわりの世話や話し相手をするうちに、なんとなく眠っていた感覚が目を覚ましたような気になったのです。

際限のない介護現場の悪循環

義父の退院後、私は家から自転車で通えるところにある老人病院を訪ねました。「何の資格もありませんが、何かこちらで私にできる仕事はありませんか？」と言うと、「まあ今は募集していませんが、そういう気持ちの方ならきっと続けられるでしょう」と事務長に言われ、看護助手としての就職が決まりました。

たまたまそのときは募集が出ていなかっただけで、募集しても人が集まらず、入ってもすぐ辞めていくという状態がずっとくり返されている職場だということが、あとでわかりました。

覚悟して入った仕事でしたが、オムツ交換はすごい光景でした。「一日四回です」と言われ、何も知らない私は「へぇ、お年寄りはトイレが近いというけど、一日四回でいいんだ」と感じました。

しかし、実際にはそれで良いわけはありません。一日四回しかオムツ交換をしないから、一回一回がおおごとになるのです。

オムツ交換の臭いが消え去らないうちに、食事の準備です。ベッドを起こして、病人用のエプロンをかけることが準備でした。今のように電動ベッドなどない時代ですから、ベッド下にある、ベッドの角度を変えるためのギャッジハンドルをぐるぐるまわして、頭のほうをあげるのです。

大多数の患者さんには、どんぶり一杯のお粥《かゆ》とミキサー食と呼ばれるドロドロのおかずが出されました。何がドロドロになっているのかがわからないときは、普通食の患者さんの食事を見るように教えられました。同じおかずがただミキサーにかけられているだけなのです。早くから準備されているため、すべて冷めていました。三色のドロドロを混ぜると灰色になります。それをお粥に混ぜ、なかには、ご丁寧にも粉薬を入れてかき混ぜて、いかにもおいしいかのように言葉を添えて食事介助をしている職員もいたほどです。

夜になると、何人かの患者さんはベッドの柵《さく》に手を縛られてしまいます。「抑制」といわれるものです。何も知らない私は、「へぇ、夜歩きまわる人は縛っちゃえばいいんだ」と単純に思ったほどです。

そんなことをして、良いわけがありません。いくら縛られても、ヒモをはずす患者さんがいます。その目的は、オムツが気持ち悪い、寝ていることが苦痛だと、その人なりに理由はあるのですが、介護する側にとってははずされては困るのです。はずせないことへの抵抗で、大声でわめく人もいます。それも困ったことなのです。そういう患者さんには、よく眠ってもらうために睡眠薬や精神安定剤が投与されるのですが、明け方になってやっと効いておさまる人もいれば、数日後に効いて突然昏々《こんこん》と眠り続けてしまう人もいます。悪循環となるだけなのです。

過酷な老人病院から得たもの

このような入院生活では、患者さん自身も大変ですが、仕事をする職員も過酷でした。看護助手の勤務時間は、通常は八時間ですが、夜勤の日は朝の引き継ぎから次の日の朝の引き継ぎまでの二四時間、その間に仮眠はたった二時間です。各病棟に二人の夜勤者がいますが、相手が仮眠している間もやらなければならない仕事があり、とくに新人と組んだときは不眠不休で働くことになります。このような労働条件ですので、続けられる人があまりいないのも確かにうなずけます。

この看護助手の仕事を二年七カ月続けたあと、特別養護老人ホームやデイサービス（通所介護）での介護の仕事に移りましたが、やはり私の原点はこの老人病院です。ここで見たこと、やってきたことが、いつも思い出されます。それは懺悔《ざんげ》にも似た、重く心にのしかかるような思い出です。患者さん一人ひとりの顔を思い浮かべ、どうすればもっと良い最期を迎えさせてあげることができたかを考えてしまいます。昭和五〇年代の終わりから六〇年にかけての話です。

まだ、在宅介護を支えるサービスなど何もなく、介護に行き詰った家族は、特別養護老人ホームか、このような老人病院を選ぶしかなかったのでしょう。ただ、老人ホームというと養老院といわれていたころのイメージが強くて「施設に入れる」といううしろめたさがあり、聞こえの良い老人病院への「入院」を選ぶ人のほうが多い時代でした。

老人病院で仕事をしながら、私は給料の他に多くのものを得た気がします。

まず、自分の人生と介護についてです。私は母一人子一人で暮らしていました。結婚してしばらく別に暮らしていましたが、引っ越しを機に再び一緒に暮らすようになっていました。夫は三人兄弟でした。夫の母親が足の手術をしたことがあり、義姉と長男の嫁と次男の嫁である私が交代で手術後の数日付き添いました。そのとき思ったのです。「もし私の母だったら、一人っ子の私には付き添いを代わってもらえる人がいない」と。

手術後の数日なら家政婦さんを頼むことも可能でしょうが、長期にわたっての介護はそうもいきませんし、「結局、私一人でやることになる」と、このとき強く思ったのです。「そのようなときに手を貸してくれるものは何だろう」と考えたとき、候補のひとつとして老人病院が浮かびました。

しかし、結論はすぐ出ました。「自分が働いていた老人病院には母を入れたくない」。その思いが、私が今目指している介護につながっています。つまり「自分の親を託せる介護をしよう」、親を託した次は自分の番ですから「自分が受けたい介護をしよう」ということなのです。

残念ながら、安心して自分の老いを託せる介護施設はなかなか見つかりません。あったとしてもごく少数で、こちらの事情と受け入れ側のタイミングが合わなければ入ることもできません。また、今納めている介護保険料を使って行われている介護保険事業が、果たしてどれだけ介護を支えてくれそうかというと、必ずしも万全ではありません。

しかし、悲観してばかりもいられません。将来、少しでも安心できる介護を受けるためにどうしたらよいか、具体的に話を進めることにしましょう。

身内を託せないような介護の仕事

私は、介護に関するさまざまなセミナーを開いています。未経験者向けの介護者教室、ボランティア講座、老人を対象とした「元気で生き活き暮らそう！講座」などです。どのセミナーも、少しでも早く介護に関心をもっていただき、安心して暮らし続けられる地域づくりの必要性や、最後までその人らしく暮らすことを支える介護の方法を知っていただくためのものです。

それとは別に、介護のプロ向けに、介護施設での職員研修にも出向きます。そこでは、事前に次のようなアンケート調査をすることがあります。

①あなたは、なぜ介護職に就きましたか？
②あなたが介護職として、やりがいを感じることは何ですか？
という、この二問にはあまり大きな意味はありません。問題はこれからです。
③あなたの身内が介護施設に入ることが必要になったとき、あなたは自分が勤めている施設をすすめますか？
④あなた自身が介護施設に入所しなければならなくなったとき、あなたは自分が勤めて

いた施設に入りたいと思いますか？
この二問に深い意味があるのです。どう深いかは、次の答えでよくわかります。
③の問いに対する答えは、「すすめない」が大半を占めます。無記名であることと、外部者によるアンケートという安心感からか、「絶対にここはすすめない」や「ここだけは止めたほうがよい」という答えまであります。ですから、④に対する答えにも、「入りたい」という人がいるわけがありません。
③の問いに胸を張って「もちろんすすめる」、④の問いに「ぜひ入りたい」と答える職員が大半を占めてくれるようになれば、だいぶ安心に近づくのですが、現実はこのようなものです。一度これを施設長研修でやってもらいたいものと、つくづく思います。
このようなアンケート調査をふまえて、研修をはじめます。

まず、職員に言うことは、「そんな仕事は止めよう」です。別に「そのような職場を辞めよう」と言っているわけではありません。介護職員はその施設に介護という仕事を提供し、その見返りとして給料をもらっているわけです。その提供している仕事が、自分の身内を託せないような仕事で良いのでしょうか。そして、その延長線上には結局自分の老いが待っているということを、若いうちから意識しようということなのです。

介護は他人事ではない

多くの方は、必要となってから介護というものを意識しますが、介護の仕事をしている人にとっては、当然のことながら、若くても介護がごく身近にあります。ただ、それはあくまでも仕事としてで、自分の人生にどれほど意味があるかまではまだ考えられず、他人事としてやっているからこういう結果になってしまうのでしょう。

愛媛県の在宅介護研修センターで仕事をしていたときに、そこのパンフレットのはじめに、「介護を、自分のこととして学びませんか」と書きました。介護が、いつまでも他人事では困るのです。そして、介護そのものを知らずして、介護予防だけに関心があっても困るのです。もっともっと多くの人々が介護そのものに関心をもっていただかないと、介護は変わりません。変わらない介護は、今その仕事をしている人たちでさえも「受けたくない」と思ってしまう介護なのです。ここから変えていかなければいけないのです。

脳卒中で寝たきりになる？

介護講座でよくいただく質問を例にとり、介護の話をさらに進めましょう。

よく「脳卒中になったら、間違いなく寝たきりになりますか？」という質問を受けることがありますが、一概にそうなるとは言い切れないことは、今までお会いした方々の例が示しています。

〈事例〉デイサービスをきっかけに残った機能を引き出し、寝たきり生活を解消
二度の脳梗塞で両マヒになった安藤和夫さん（八九歳・仮名）

安藤和夫さんは六〇代に右の脳梗塞、七〇代前半に左の脳梗塞を起こされ、両マヒになった男性です。介護保険導入前のことなので、入浴サービスは受けていましたが、月二回ほどしか入浴できませんでした。もっと入浴をさせてあげたいという家族の思いから、私たちのデイサービスにご相談に来ました。「生活リハビリクラブ」といって、生協が倉庫

を改築してはじめたデイサービスです。安藤さんは、奥様と娘さん一家と暮らしていて、娘さんが生協の組合員でした。

寝たきりとお聞きしていましたので、だいたい想像はついていましたが、あとで思い出してご家族と笑ってしまうことがたくさんあった初日の風景です。

ご自宅までお迎えにうかがうと、安藤さんはベッドに寝ていらっしゃったので、介助で起こして車椅子に座っていただきました。脚力はまったくないので、全介助です。パジャマを着ていたので、せめて上だけは着替えていただこうとご家族に話すと、「あらぁ、たくさんあったのに、もう着ることがないと思って引っ越しのときに全部捨てちゃったんです」と奥様がおっしゃるのです。寝たきりになったので、もう一生パジャマしか着ないと思われていたようでした。そこでその日は、カーディガンを羽織っていただきました。

何気なくベッドの上のほうを見ると、一台のビデオカメラがベッドの枕の辺りが写るように設置されていました。「何を写していらっしゃるのですか」と尋ねると、「わが家は二階に食堂があって、この場を離れているうちに主人が痰《たん》でも詰まらせてはいけないので、モニターで見られるようにしてあるんです」との説明でした。本当に心配で仕方がないという口ぶりでした。

デイサービス初日なので、奥様には同行していただきました。その日の利用者全員そろった最初のプログラムは、自己紹介です。名前・生年月日・生まれたところ・今住んでいるところの順に言っていただきます。いよいよ安藤さんの番が来ました。隣にいた奥様が代わって紹介しようとされた瞬間、ご主人が自ら「安藤和夫です」とボソッと言われたのです。びっくりしたのは奥様です。「あら、おじいちゃま、名前が言えたの！」と大きな声をあげられ、私たちのほうが取り繕うのに苦労するほどでした。

病に倒れて以来ほとんど何も話さなくなり、ご家族はしゃべれなくなってしまったと思い込んでいたようなのです。生年月日も生まれたところも、きちんとご自分でおっしゃいました。ただ、今住んでいるところは「田園調布」と答えられました。無理もありません。田園調布のお宅から入院され、入院中に娘さんご一家との同居が決まり、退院して今のお宅に来られたのですから。そこは司会者が上手にフォローしながら、無事に自己紹介が終わりました。

その後は体操やゲームを行いましたが、その間ずっと輪のなかにいらっしゃいました。

ご自宅ではほとんど寝たきりだった安藤さんですが、昼食前のオムツ交換のとき以外は、横にならずに過ごすことができました。

ゲームが終わって、いよいよ昼食です。奥様が席をはずされている間に食事用のテーブルで食事がはじまっていました。いつもの通りご主人の食事介助をしなければと奥様が見た先には、右手にお箸《はし》、左手にご飯茶碗《はんぢゃわん》を持って、普通に食事をされているご主人の姿があったのです。「あら、おじいちゃま、自分で食べられたの！」とまたまた大きな声をあげられたのです。

奥様からは、家ではベッドに寝たまま上半身を四五度くらい上げた状態で、全部介助で召し上がっているとお聞きし、それではむせやすく飲み込みにくいことを説明しました。

この日のデイサービスを境に、日々の生活が一変しました。長い時間起きていられることがわかったので、家でも車椅子に座っていることが多くなりました。もちろん食事介助はなくなり、奥様も一階でご主人と一緒に食事を召し上がるようになりました。いつしかベッド上のビデオカメラは取り外されました。息子さん一家が訪れての食事会では、全員で安藤さんを二階の食堂に上げてテーブルを囲むようになりました。デイサービスに週二回いらっしゃるうちに、お花見やドライブにも出かけ、奥様もご一緒に一泊旅行にまで参加されました。

といって、安藤さんの両マヒが改善され、介助の必要がまったくなくなったわけではもちろんありません。ただ、残された機能でできることは、しっかりやっていただく生活に変わっただけなのです。おそらく、入院生活での看護を退院後もそのまま続けていたら、ご本人にどんな機能が残っているのかが見出せなかったということでしょう。家族のなかだけでは、名前を名乗る必要もなく、何か問われてもきっと頭を縦か横に振るだけでことが足りていたのだと思います。食事も食べさせられて当たり前のなかで、介助されるままになっていたということなのでしょう。

大事なことは、どんな介護に出会うかです。たまたま生活リハビリクラブの介護は、寝たきりと聞いていても、とにかく普通に暮らしてみていただくことから関わる介護をやっていたので、残った機能が引き出せたのです。私たちとの出会いがもう少し遅ければ、安藤さんのからだはさらに、長いこと車椅子に座っていられないほどに機能が低下してしまったことでしょう。

寝たきりで介護を受けることが続き、本当に寝たきりになってしまったケースがたくさんあるのです。こうして、寝たきりはつくられるのです。

骨折したら寝たきりになる？

老人会で、「お知り合いで、骨折から寝たきりになってしまった方がいらっしゃいますか？」とお尋ねすると、何人かが必ず手をあげます。続けて「このなかで、年をとってから足を骨折したことがある方いらっしゃいますか？」とお尋ねして手をあげる方がいらっしゃるときは、とても話が続けやすくなります。つまり、骨折しても寝たきりになっていない人がいるということが大事なのです。

たいがい足を骨折すると手術を受け、ギプスで固定して骨がつくまで松葉杖をつきながら暮らし、一カ月ほどしてギプスが取れたらリハビリをするという流れになります。ギプスを取った足がどうなっているかご存じですか？　どんなに若くても、ギプスをしていた足の筋肉は驚くほど落ちてしまうのです。私も三二歳でアキレス腱《けん》を断裂し、手術を受けて約一カ月ギプスで固定して過ごす経験をしました。

そのときに感じたことですが、何が問題かというと、骨折した足ではなく骨折していないほうの足なのです。松葉杖をついて歩ければ、骨折していないほうの足を十分に使うので筋力は低下しません。むしろ、力がつきます。

しかし、お年寄りは、そうではありません。ギプスは重く、腕の力が衰えているために危険が伴うということで松葉杖は使えず、骨がつくまでじっと寝て過ごすようなことになりかねません。そのような状態でやっとギプスが取れたとしても、骨折した足だけでなく骨折していない足も同じように筋力が低下し、見極めがつかないほど、両足とも細くなってしまっています。

この筋力低下をリハビリで戻そうとしてもなかなか思うようにいかず、周囲も本人も「もう、年だから……」と諦《あきら》め、寝たきりに近いような介護をし、やがて気持ちが寝たきりになり、次にからだが寝たきりになってしまうのです。

本当は、そこからがデイサービスなど介護サービスの出番なのです。「どんなに年をとっても、骨折くらいで人は寝たきりにならない」と信じて関わる介護に出会い、そのことを共に励みにして介護する方がいれば、事態は必ず好転します。まして当人がその気になってくれれば、申し分ありません。私が行っている介護講座では「諦めない介護」を知っていただき、老人会では今は元気なお年寄りに「気持ちが大事」と伝えています。私がギプスを経験したころはまだ介護の仕事をしていませんでしたが、そのときの経験が今こんなに役立っているのですから、まったく人生には無駄はありません。

〈事例〉築いてきた人間関係の一つひとつが寝たきりを防いだ
転倒して大腿骨頸部《だいたいこつけいぶ》を骨折した中島サトさん（一〇〇歳・仮名）

九八歳で骨折した中島サトさんは、とにかく元気に暮らしている方でした。婦人会・老人会・憩いの家などいろいろなところに出かけ、毎年行われる盆踊りでは、婦人会の方々と一緒に、やぐらの上で踊るほど元気です。ところが冬の外出のとき、凍った道に足をとられ、転倒して大腿骨頸部を骨折してしまったのです。救急車で病院に運ばれ手術を受けました。もちろん寝たきり状態でした。その上、入院中にＭＲＳＡ（メチシリン耐性黄色ブドウ球菌）に感染し、さらに入院期間が延びてしまったのです。

春先にやっと退院となり、しばらく家で寝たり起きたりの生活をしていましたが、主治医からそろそろ外出するようにすすめられ、七月の老人会に行くことに決めました。七月は中島さんの誕生月で、老人会で祝ってもらえるからです。

そのためにまず中島さんがしたかったことは、風呂に入ることとヘアカットです。私はお宅にうかがって入浴介助をしました。施設から車椅子を借り出し、家族の方に押してもらって、老人会に無事復帰しました。その後はデイサービスに出かけるようになり、身体状況はみるみる改善され、玄関前の数段の階段を、杖をつきながら自力で上がれるまでに回復しました。一〇〇歳になっても矍鑠《かくしゃく》としています。

骨折がもとで寝たきりになる人が多いなかで、寝たきりにならなかった模範的な例です。何が一番違っているかといえば、ご本人の生き方でしょう。いろいろな人と交流することを楽しみ、まわりの人たちは中島さんの復帰を心から喜びました。出かけたい場所があること、待っていてくれる人がいることなど、それまで築いてきた人間関係の一つひとつが、中島さんを寝たきりにさせませんでした。

いくら気をつけていても、人生にはアクシデントはつきものです。とくに身体的なアクシデントは、若いころよりも年齢が上の方のほうが多くなることは仕方がないことです。でも大事なことは、そのアクシデントをどう乗りこえるかです。それまでをどう生きてきたか、そしてそれからをどう生きていくかが問われるのだと思うのです。

介護に関わるようになって出会った多くのお年寄りから、そのことを教えていただきました。

寝たきりはつくられる

なぜ、寝たきりになるのかをまとめると、四〇ページの図のようになります。

・身体障害

寝たきりのきっかけとなるものに、脳卒中や骨折といった身体障害があげられます。図内の「その他」のなかには、安静を伴う療養が入ります。たとえば、肺炎での入院、何かで手術を受けたあとの安静など、寝て過ごすこともきっかけになるのです。

介護に無縁の若い方が脳卒中で倒れて寝たきりになると、本当に脳卒中は怖いと思われ

身体障害

きっかけとなること

脳卒中—脳出血・脳梗塞・
くも膜下出血など

骨折、その他

↓

閉じこもり症候群

家から出なくなる

こんなからだになってしまって……

もう少し元気になったら……

↓

さえられ人間

自分のことを自分でしなくなる

マヒや筋力低下で寝ている

寝たままで介護を受ける

↓

廃用症候群

使わないと、使えなくなる

精神機能・身体機能の低下

「年だから」という諦め

↓

寝たきり

（家から出なくなる〜「年だから」という諦め：**本当の原因**）

るでしょう。自転車で元気に飛び回り、自治会の仕事などを精力的にしていた方が、自転車の転倒事故で骨折したのをきっかけに寝たきりになったと聞くと、やっぱり骨折は怖いと思うかもしれません。

脳卒中にならないために、栄養に気をつけ、適度な運動を心がけ、血圧その他の健康管理を怠らないこと。骨折の原因となる転倒を予防するために、運動をする、段差を解消するために家のなかをリフォームするなどはとても大事です。

にもかかわらず、脳卒中になったり、骨折してしまったとき、あとは寝たきりになっても仕方がないと諦めてしまうのは、あまりに悲しすぎます。

身体障害が即寝たきりにつながるようによく言われていますが、実は単なるきっかけにすぎません。寝たきりにいたるまでには、閉じこもり症候群、させられ人間、廃用症候群といった過程があり、それらが本当の理由であることをこの図は示しています。

・閉じこもり症候群

いっさい外出せずに家のなかにじっと閉じこもってしまうことを、閉じこもり症候群と言います。

脳卒中で軽いマヒの後遺症があり、杖をついて歩かなければならなくなっただけで、家からほとんど出なくなってしまった方がいます。退院のとき、「足を動かさないと弱ってしまって歩けなくなりますよ」とリハビリの先生から注意されたので、毎日散歩はしているのですが、できるだけ知っている人に会わない時間帯を選んでいるのです。この方の場合も、閉じこもり症候群に近いものがあります。気持ちの閉じこもりなのです。

「こんなからだになってしまって……」と弱気になるのはわからないわけではありませんが、それを乗りこえて、生活圏を広げる努力がまず必要です。雨が降り続く、雪で道が滑りやすくなるといった悪条件が重なると、家から出なくなり、部屋から出なくなり、布団から出なくなり、生活圏がますます狭くなってしまうことが、寝たきりの入口にあることを知っていただきたいのです。

「もう少し元気になったら……」と出かけることを一日延ばしにしている方も、一見前向きのようですが、重大なことを見落としています。若いうちはそれでもよいのですが、ある年齢に達したら、これからの人生で今日が一番若い日だということをもっと強く意識しなければいけません。明日になれば一日年をとります。今日はじめなければ、どんどん条件が悪くなるばかりです。

・させられ人間

主体的に暮らさなくなる人をこう言います。家のなかだけの生活になり、必要なことまで他人（介護する方）から言われてやっとやる。させられることに慣れてくると、やがてそれもやらなくなり、生活の大半を無気力に過ごすようになります。まわりの人も、やらないのかできないのかが判断できなくなり、何もかもすべて介護してしまうことになるのです。前述の安藤さんの事例は、まさしくここからはじまっています。

・廃用症候群

「廃用」とは、長い間使わなかったためにからだの機能が失われたり萎縮《いしゅく》して、使えなくなってしまうことです。身体機能が低下すれば精神機能まで低下します。それが「呆け」です。

テレビを見ていれば脳の刺激になって呆けないだろうと、お年寄りには好きな番組を必ず見せるようにしているという家庭があります（これがすでに、させられ人間なのですが）。

ある野球好きのおじいさんが、テレビの前でプロ野球を見ていました。そこへ息子さんが帰宅して、「どことどこがやってるの？」「どっちが勝ってるの？」と聞いたのですが、何も答えられないのです。時代劇が大好きなおばあさん、それが『水戸黄門』なのか『大岡越前』なのか『銭形平次』なのかもわからずに見ていたという話もあります。テレビをぼんやり見ているだけでは、脳の刺激にはならないのです。

私が子育てをしていたとき、三カ月検診で保健師さんから話がありました。「お母さん、いくら忙しくても、子育てをテレビ任せにしないでください。きちんと話しかけたり遊んであげないと、感情表現が乏しくなったり、言葉の発達が遅れますよ」と。

老人介護施設で、大画面のテレビの前に車椅子に乗ったお年寄りたちが大勢集められている光景をよく見かけます。ところが、お年寄りのほとんどは、居眠りをしているか、無表情で画面を見ているだけで、本当に楽しいのか、番組の内容がわかって見ているのか疑問です。これでは、何もならないのです。私は介護講座で、必ずこう言います。「老人介護をテレビ任せにしないでください」と。

お年寄りにとって、脳を刺激し、精神機能を低下させないために一番大事なことは、同じ時代を生きてきた人、同じ地方出身の人、同じ趣味のある人など、共通の話題のありそうな人に話し相手になってもらって、会話を楽しむことです。

現在の介護保険制度のもとでは、人件費の削減をしなければ介護施設は運営できないので、話し相手ボランティアに来ていただいています。若くなくてもよいのです。脳全体を刺激するには、計算ドリルやゲーム機器を使って一人で介護予防をするより、会話を楽しむほうがずっと意味のあることだと思います。

廃用症候群においてもう一つ問題なのが、「年だから……」という諦めです。本人が諦め、家族が諦め、介護職員までもが諦めてしまっては、何もはじまらないのです。「ここまで生きてきたら、しばらく寝付いて、ほどなくお迎えがきておさらばできれば、それも良いのでは」と諦めたら、元気になるわけがありません。

若いころから人と付き合うことをあまり好まず、必要以外の外出もせず、仕事だけの人生、家族のことも地域のことも奥さん任せにして暮らしていれば、定年後は閉じこもるしかありません。そこにきっかけとなることが加われば、あとは呆けや寝たきりに一直線に向かってもおかしくはありません。

ただ年をとっただけでは、寝たきりにはなりません。寝たきりはつくられるものなのです。大事なことは、それまでの生き方を改め、これからをどう生きていくか、そしてどんな介護に出会うかです。それ次第で、これからの人生が、天国と地獄ほど違ってくるということです。

生き活き暮らすことを支えるのが介護

それでは、介護が果たす本当の役割とは何なのでしょう。

介護というと、「不自由なことや、できないことを手伝う」といったように「何かをやってあげる」ということを連想する人が多いようですが、本当にそれでよいのでしょうか。

私は、介護とは「生活を支えること」と定義しています。生活とは、読んで字のごとく「生き活き」です。生き活きしていなければ、生活ではありません。言い換えれば、「介護とは、生き活き暮らすことを支える」ということになります。

三〇年近くの介護の仕事を通して、この「生き活き」にこだわるようになったのは、老人病院での経験からです。これが介護なのだと私なりに一生懸命仕事をしていましたが、お年寄りたちは、生きてはいるけど生き活きはしていませんでした。病気で入院しているのだから、それが当たり前のことと思っていましたが、今だから言えることは、介護の仕方が違っていたら、もっと生き活きと暮らせたのではないかということなのです。

人が誕生してから死にいたるまで、暮らしのなかで育児・介護が必要な割合と自立できている割合を示したのが四八ページの図です。

横軸は年齢をさし、縦軸は身体機能のレベルをさします。自分の身のまわりのことについて、誰の助けも必要とせずにできることを身体機能が普通のレベルとし、生活すべてに手助けが必要なことを身体機能が低いレベルとします。

私たちはオギャアと生まれたときは、排泄《はいせつ》も食事も入浴も自力では何もできません。赤ちゃんを寝たきりとは言いませんが、全介助であることは間違いありません。育児・介護が必要な割合は一〇〇パーセントです。

大人の側からすれば、子どもたちのできることを見守り、できないこと、足りないとこ

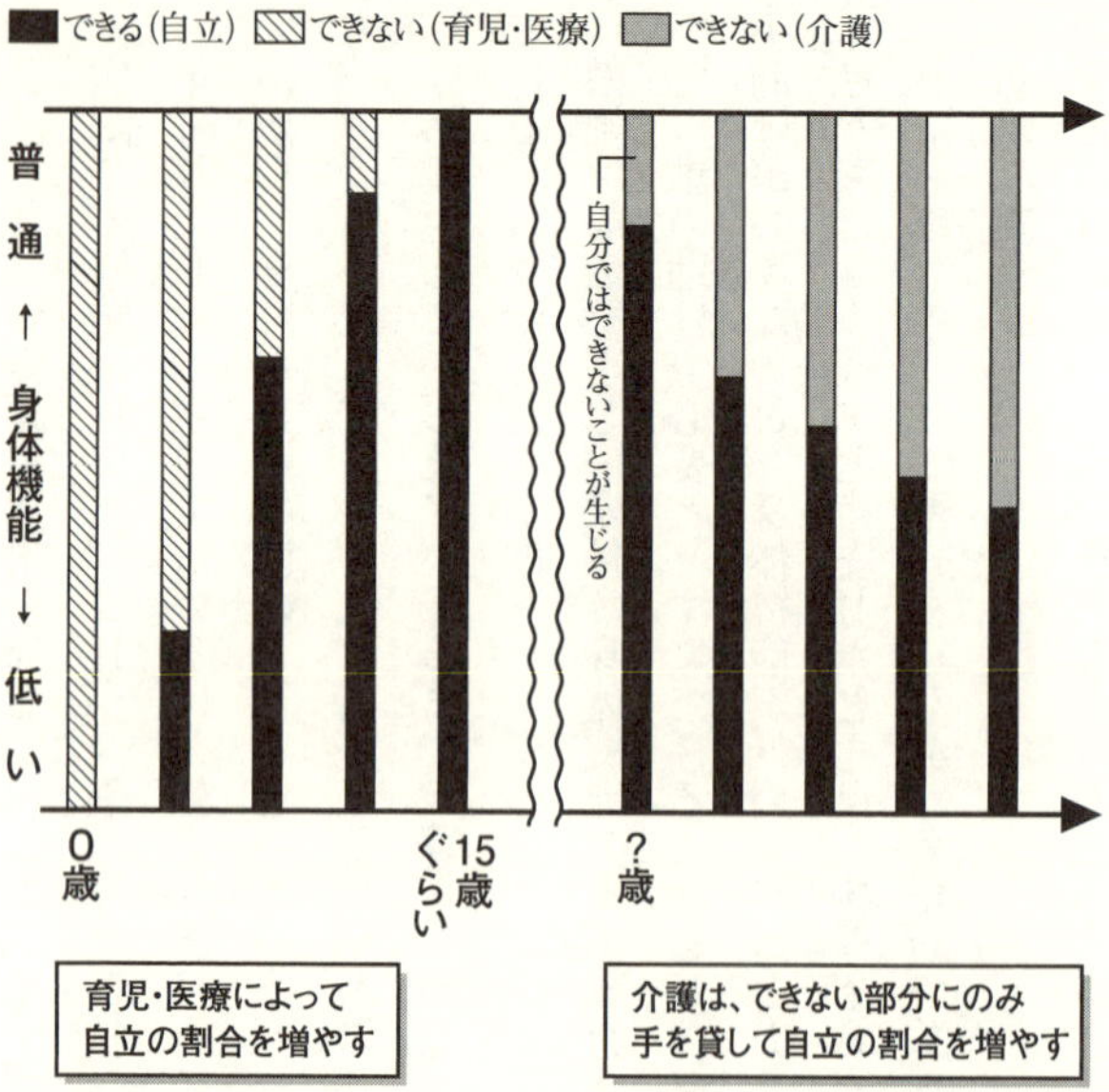

ろを補ってあげることが必要です。

この見守りと補いが、育児です。

そして少しずつ成長していって、自分でできる割合が増えていき、個人差がありますが中学三年ぐらいで一〇〇パーセントに達します。

そうなっても、ケガをしたり病気になると、その症状によって身体機能は低下します。この低下した部分を補い、少しでも早く元の状態に戻して普通の暮らしができるようにするのが医療です。

そして、しばらく普通（自立の割合一〇〇パーセント）の暮らしが続いていきますが、だんだん年をとるにつれて、再び自分ではできないことが生じます。ここに病気が加わると、不自由さの割合は急速に増えてしまいます。自分ではできなくなったこの部分を支えていくのが介護なのです。

介護というと、暗く悲しくつらいというイメージをもたれがちですが、どうしてなのでしょうか。それは、介護する方がいくら頑張っても、去年はあんなに元気だったのに今年はこんなに弱ってしまった、昨日できたことが今日はできなくなったというように、振り返ったときに、衰えていること、できないことが増えているからなのです。

育児も介護も、できることに対してはただ見守り、できないことだけに手を貸すバランスが大事です。そのことをきちんとわきまえれば、機能はそれほど低下せず、むしろできることが増える場合もあります。

育児では、親がいつまでも手を貸していると、自立心が育たず、依存心の強い子どもになってしまいます。同様に介護でも、何ができて何ができないかをきちんとふまえて関わらなければいけません。自力でできることまで介護する方がやってしまうと、何でも依存するようになり、やがてはできることまでできなくなってしまいます。「できないことは手伝ってあげて、できることは自分でやってもらう」は鉄則、育児も介護も何ら変わりがありません。

介護のポイント①　力まかせの介護はしない

介護には、「相手の機能に合わせた介護」と「残った機能を引き出す介護」があります。自分で起き上がることができなくなった人は、すべて寝たきりになるかというと、そうではありません。起き上がることを手伝ってベッドに腰かけ、さらに介助して車椅子に座ってもらえば、寝たきりにはなりません。寝たきりの状態の方に、寝たきりの介護をしてしまうから、本当の寝たきりになってしまうのです。

たとえば、脳卒中で片マヒの後遺症がある方へは、マヒのある側にだけ手を貸し、マヒのない側は自分で十分に使ってもらう、そのような介護ができるかどうかが、その後の生活に大きく影響します。

〈事例〉マヒのない手足をいかした介助で、ベッドから車椅子に移れるようになった

脳卒中で片マヒとなった野本昭さん（八七歳・仮名）

脳卒中で倒れて片マヒになった野本昭さんの介護を、奥様が自宅ですることになりました。リハビリ室の平行棒で歩行練習はしたのですが、やはり歩くことは無理ということで、車椅子を使って移動することになりました。自宅には介護用のベッドを入れ、家のなかの段差をできるだけなくすリフォームをして退院の日を迎えました。

自宅に戻れば、ベッドから車椅子、車椅子からトイレ、再び車椅子に移り食堂の椅子へ腰かける……、そのことが日々くり返されます。生活のなかでもっとも頻繁に行われるのが移乗動作です。

奥様は、立派な体格のご主人を抱きかかえて移乗させることはできません。そこで、ご主人にはマヒのないほう（健側）の手と足でしっかり体重を支えて立ってもらい、奥様はマヒのあるほう（患側）に倒れてこないようにバランスをとりながら、車椅子に腰かけることを手伝います。このくり返しで、ご主人の健側の足には、かなり力が入るようになり、立ち上がったときのバランスも、ほとんど一人でとれるようになりました。これが介護バランスの良い例です（移乗介助のイラスト　一五六、一五七ページ参照）。

〈事例〉マヒのない手足を使わず、廃用症候群になった
脳卒中で片マヒとなった阪本千恵さん（九一歳・仮名）

脳卒中で倒れて片マヒとなった阪本千恵さんを、ご主人は献身的に介護していました。ご主人は、長い間苦労をかけた妻なので、これからは自分が頑張らなければいけないという思いが募り、何でもしてあげていました。移動のときは、お姫様だっこのように奥様を全身抱え上げての介助です。

そうしたなか、ご主人が急に出かけることになり、その代わりに娘さんがやってきました。「お母さんは元気になって退院したのだから、さぞかし良くなっているだろう」と期待していました。ところが実際には、退院のときに使えていた健側（マヒのない側）の手足はまったく動かなくなり、丸抱えでないと移動もできなくなって、娘さんの手には負えない状態になっていました。健側の手足を使わない介護を受けていたことが原因で、廃用症候群になってしまったのです。介護する方が力まかせに頑張れば頑張るほど、使える機能を低下させてしまうこのような介護は、即刻見直す必要があります。

これらの事例でわかるように、介護は力仕事ではありません。使える機能を上手に引き出し、手を貸すのはどこかを見極めることが必要です。介護する側がいきなり力まかせにやってしまっては、冷静に見極めなければいけないことも見極められなくなってしまうのです。

ベッドからの起き上がり、椅子からの立ち上がりといった移乗介助の方法は、介護教室などでよく習います。それはそれで、人それぞれの方法がある気がします。

私は、介護の実技講座で「介護の教科書は、自分のからだのなかにあります」とよく言います。ふだんの暮らしのなかで、自分がどのように起き上がり、どのように立ち上がっているかを基本にすれば、介助にあたってどこまでできて、どこから手伝えばよいかがわかるはずです。

あわせて、それを可能にする条件づくりも必要になります。たとえば、ベッドの幅とか、椅子の高さなどの条件が悪いと、できることもできなくなってしまうからです。条件を整え、基本にかなった介助をくり返すことによって、身体機能を低下させるどころか筋力アップにつながることもあります。「生活行為に勝る訓練なし」という言葉は、こうしたことから生まれました。

介護のポイント②　恥をかかせない

もう一つ大事なことは、介護する相手の自尊心や羞恥心《しゅうちしん》を尊重することです。残された機能を大事にするということは、決して身体機能だけの問題ではなく、精神的な機能も含めないと生き活きとした生活は支えられないのです。

施設職員研修で、「あなたが脳卒中で倒れて、生活全般を介護してもらわなければならなくなったとき、あなたらしさ、自尊心、羞恥心はなくなってしまうと思いますか？」と質問すると、全員が「まだまだ、それは残っている」と手をあげます。「それでは、日ごろの介護において、しっかりそのことを意識してやってますか？」と聞くと、ここで問題ありの反応になります。これが、前述の「自分の身内は入れたくない介護施設」にもつながっていることなのでしょう。

食事・排泄・入浴を三大介護と言いますが、そこで使われている介護用品や介護機器の必要性と、正しい介護の方法を考えていただきたいのです。便利だから使う、あるから使うということに流されず、なぜそれが必要か、使わないですむ方法はないかを考えるところに、本当の介護があるような気がします。

人には、身につけると誇らしく思えるものがあります。勲章とか貴金属とか、もしかしたらある種のバッジもそれにあたるのかもしれません。正装で出かけるとき、新調した服を身につけたときも、ちょっといつもと違った晴れがましい気持ちになります。

それとは反対に、それを身につけたらもう出かける気もなくなり、知っている人には絶対に会いたくなくなるほど気持ちが落ちこむものがあります。食事用エプロン、オムツ、寝たままで入る機械浴（特殊浴槽）は、まさしくその代表格と言えるでしょう。それらを安直に導入する前に、本当に必要かどうかを考えることが介護です。介護用品を使うことが介護ではなくて、できるだけそれらを使わずに、普通の暮らしができるように考えるのが介護なのです。

食事用エプロンをつけての食事、ベッドに寝かせられたままでのオムツ交換、裸でストレッチャーに寝かせられての入浴を、何の疑問も感じずに行っている介護施設が多くあります。そうしたかたちで介護されている人は、どれだけ屈辱的な思いをしていることでしょう。自尊心、羞恥心をどれだけ傷つけているかに無関心な介護を受けると、人は生きてはいても、生き活きした生活はできなくなります。介護のイメージの悪さも、こうしたことから広がってきているのではないでしょうか。

そうではない介護があることを、皆さんに知っていただきたいのです。人の生理学的な動きをもとにした介護をすれば、残った機能も使えるし、大げさな介護用品を使わずにすみます。それが最後まで生き活き暮らせるように支える介護なのです。

介護のポイント③　不自由さと上手に付き合う

寝たきりとともに心配されるものに、「呆け」があります。年齢を重ねるのに伴って、頭やからだの働きが衰えることで、「呆ける」と同じ意味で「老いぼれる」「耄碌《もうろく》する」といった言葉が使われます。

一九七二（昭和四七）年に出版された小説『恍惚《こうこつ》の人』で、有吉佐和子さんは呆けた老人をこう表現し、本はベストセラーになり、流行語にもなりました。一九八〇（昭和五五）年には、呆け老人をかかえる家族の会（現・公益社団法人認知症の人と家族の会）が京都で発足し、全国に支部をもつ組織となっています。

介護保険制度がはじまり、呆けたお年寄りの介護事業には「痴呆老人対象」という名称がつけられるようになりましたが、その後、当事者やその家族への配慮から、痴呆症は認知症へと呼び名を変えることになりました。

しかし、呆け（痴呆症）のことを認知症と呼ぶようになったことは、誰もがすでに知っていることです。それまでの痴呆症を対象とした病院やデイサービスが認知症対象と呼び名を変えても、利用者にとっては何も変わりません。

認知症は、脳の病気だと言われています。老化現象ということだけで片付けるわけにはいかないのが現実ですが、介護する側の私からすれば、病気でも老化現象でも介護のポイントは同じなので、呼び名はどちらでもかまわないと思っています。

介護に関わるにあたってどのような不自由さがあるかについて、もちろん病名は参考にしますが、病気だと思ってしまうと「なんとか治らないか」と考えて医療に頼りがちになります。その結果があまり良い方向へ向かわなかった例をたくさん見てきました。むしろ在宅介護の場合は、介護する方が介護しやすいかたちで、不自由さに上手に付き合っていくことが大事だと痛感しています。

問題行動の陰に問題介護あり（認知症のケア）

ここでもう一度、先述の身体機能の自立割合を表した図（四八ページ）を思い出してください。今度は、縦軸の上部を困らない程度の記憶力と判断力があるレベル、縦軸の下部をそれらがなくなったレベルを表すものとします。最近多少もの忘れがあるとか、話をしていて固有名詞が出なくなったことは、とくに生活に支障がない「困らない程度」のものとして上部に含まれます。

人は年をとり、老化現象が進んだり脳の病気にかかることで、記憶力や判断力が低下することがあります。たとえば、記憶力については、食事が終わった直後なのに「ご飯はまだか？」と聞いたり、昔懐かしい来客があって涙していたにもかかわらず少し時間が経つと忘れてしまったりするように、最近あったこと、あとから登場してきたことから順に忘れていくようです。そのかわり残っているのは、昔の話、昔の生活習慣、全身の感覚などです。電気器具も一時代前のものなら、トイレの便器も洋式ではなく和式なら使えるというケースもたくさんあるのです。

介護で大事なことは、残った機能を使いながら、失った部分に上手に手を貸すということのはずでした。お年寄りのやることなすことにダメ出しをしたり、命令的な口調で関わったりすると、居心地が悪くなり、やがて居心地の良いところを探すようになり、これが徘徊《はいかい》のもとになります。徘徊は、あてもなくウロウロしているのではなく、自分らしく居心地の良いところを探しているのです。

徘徊をするようになり、専門医を受診して状況を話し、CTやMRIなどの検査の結果、脳の萎縮が認められたり、脳血管の詰まったあとが見つかると、それが原因ではないかということになります。仮に、それが、短期記憶がなくなる原因と考えられたとしても、徘徊の原因かどうかは別の問題ではないかと思うのです。

「問題行動の陰に問題介護あり」という言葉があります。問題行動とは、徘徊の他、介護拒否、被害妄想、異食、弄便《ろうべん》（便をもてあそぶ）、性的異常言動など、呆けによって生じる行動のことを言います。呆けがこうした問題行動につながるかどうかは介護次第と言われるほど、介護する相手との関わり方には大きな影響力があるのです。問題行動がおさまったからといって、脳の萎縮が治り、脳血管の詰まりが改善されているかといえば、残念ながらそういうことはありません。

片マヒの人に対して介護のバランスが悪いと寝たきりをつくるように、呆けの人に対して問題のある介護をすると、問題行動だらけになってしまいます。それを封じるために薬が投与され、やがて問題行動さえもできなくなってしまうほどに症状が進みます。

介護の中身が問われています。どのような介護に出会うのかは、笑って暮らせるのか、問題行動に悩まされるのかの別れ道といっても過言ではありません。

意外にもろい家族の同居

今までは、「誰に介護をして欲しいか？」と聞かれたら、伴侶や子どもというように身内を望む人が多くいましたが、生き方が多様化している現代においては、身内に介護を期待できないケースが増えています。

「自分は最後まで、住み慣れたわが家で暮らし続けたい」という願いは、生き方にあれこれ口を出す血縁者がこの世に誰もいない、意思表示がしっかりできる一人暮らしの人にしかかなえられないのではというケースがたくさんあります。

介護が必要になったとき、同居家族がいることは一見安心のようで意外にもろいのも事実です。たとえば、三世代が同居している家族では、ちょうど孫の受験のころにショートステイ（短期入所生活介護）の利用がはじまります。その孫が所帯を持ち子どもを産み育てるころになると、実の娘なり息子のお嫁さんはそちらの手助けが必要となるために介護ができず、施設への入所を選択することになります。介護保険制度導入以降、特別養護老人ホームの入居待機者は、一人暮らしより同居家族がいる人のほうが圧倒的に多いのです。

問題なのは、孤独ではなく孤立

一人で暮らしていると、たしかに孤独ではありますが、その寂しさは、それはそれで仕方のないこととして受け止めるしかありません。

ところが、家族が同居しているにもかかわらず孤立してしまうと、その寂しさはより深いものになります。

〈事例〉息子家族との同居で、うつ病の一歩手前に

奈良橋智子さん（七七歳・仮名）

奈良橋智子さんは、ご主人と二人暮らしで、ご主人が体調を崩されてからは、デイサービスとホームヘルパーを利用するケアプランで、ずっと介護を続けてきました。ターミナルケア（終末医療）も在宅でされました。葬儀のときの、悲しみのなかにも、悔いなく見送られたことに安堵しているかのような表情が印象的でした。一人暮らしとなった智子さんですが、遺品を片付けたり、地域の集まりにも顔を出して、介護のために取れなかった自由な時間を楽しむゆとりも出てきました。

そのころ、海外赴任をしていた息子家族が帰国して同居するようになりました。いくら気丈にふるまわれても、孤独な一人暮らしになった智子さんが気になっていた私は、これ

で一安心でした。

ところが、しばらくしてお目にかかったとき、あまりに憔悴《しょうすい》した様子に驚きました。お話を聞くと、持病の腰痛のせいだけではないことがよくわかりました。原因は、息子家族との同居にありました。広い家にもかかわらず、智子さんが使えるのは、ご主人を看病していた部屋だけになり、息子家族が飼う犬が入ると悪いからという理由で、襖《ふすま》はいつも閉められ、隔離されているといってもよい状態でした。

襖の向こうからは、楽しそうな声が聞こえてきても、遠慮して息子家族の輪のなかに入ることはできませんでした。これが、一人暮らしの孤独とは違う孤立の寂しさで、智子さんはうつ病の一歩手前の状態でした。

私は、智子さんができるだけ外出する機会を増やし、気分を変えることが大事だと考えました。腰痛の治療のために、知り合いの治療院に週二回通うようにすすめました。あわせて、お話し相手ボランティアとして、週一回私のいたデイサービスに来るようにお願いしました。幸い、智子さんは元気を取り戻しましたが、家族と同居していても孤立させてしまう危険があることを、いつも意識していなければいけません。

第二章　介護をするまでの準備

誰に介護をして欲しいか

在宅介護に関わるようになって、二〇年ほどの歳月が流れました。そのなかで、介護する、介護されるようになるまでの人間関係が、いかに大事かを学びました。関わったお年寄りが三〇〇人いれば、三〇〇組の介護関係が生じます。当事者以外に重大な影響力がある関係も含めると、さらにその数は増えます。

ある在宅介護の勉強会で、「どの程度の身体状況なら、在宅で介護することが可能ですか？」という質問を受けたことがあります。今までに出会った、在宅で介護を受けたお年寄りの顔が走馬灯のように浮かんできました。

そのときお答えしたのは、「身体状況より人間関係」でした。

高度の医療サポートが必要な方や、認知症で介護が大変な方を、在宅で頑張って介護している方もいますし、まだまだ在宅で暮らせそうだとこちらが思っても、早々と施設入所や入院を選ばれてしまう方もいます。

もちろん、介護したくてもできない諸般の事情は十分に考慮した上で、「この違いは何だろう」と考えたとき、決してそれは身体状況の重い、軽いだけでは判断できないものがあると感じたのです。それが人間関係なのです。単に当事者（介護を受ける方）と中心的に介護をする方との関係だけではなく、親子や親戚との関係まで含まれます。介護に至るまでの人間関係は、介護が必要となったときに大きく作用します。

まずは、夫婦の問題です。どちらかの親の介護がはじまったとき、夫婦でどう協力態勢をとるかということが、その後の暮らしに大きく影響してきます。今までよりずっと話し合う機会が増え、以前よりも仲良くなった夫婦もいますし、一方的に介護を押し付けられ、これから先を共に生きることに疑問を感じる夫婦もいます（そう思っているのは圧倒的に妻が多いようです）。ここにその事例をいくつかあげてみましょう。

〈事例〉義父の介護に感謝の意を表さない夫

中村礼子さん（五〇歳代・仮名）

寝たきりの義父（九四歳）を介護している中村礼子さん宅に、デイサービスのお迎えに行ったときのことです。寝たきり生活が長くリクライニングの車椅子にも座れないので、担架に乗せてワゴン車に乗り込むのですが、送迎の女性二人だけでは力が足りず、必ず礼子さんが手伝ってくれました。

ある日、珍しく礼子さんのご主人がいました。お父さんに顔つきがとてもよく似たそのご主人は、私たちが到着すると、挨拶もなくスーッと家のなかに消えてしまったのです。私はそのとき思ったのです。

「このご主人、奥さんの労をねぎらうような言葉をかけているのだろうか」

別に私たちにお礼を言って欲しいとは思いませんが、儀礼的にすら挨拶の言葉をかけてこない方が、奥さんに感謝の意を伝えているとはとても思えませんでした。

この事例は、二〇年も前の話で、そのころの妻はずっと家にいて、黙々と介護をしているケースが数多く見受けられました。今の時代、夫のそうした態度は許されることではありません。私は、そのことに警鐘を鳴らしたいのです、とくに男性の方々に。

〈事例〉実母の介護より面子を重んじた夫

小島奈津さん（五〇歳代・仮名）

長い間、数学と物理の先生をしていた、小島奈津さんの義母（九三歳）。「明治・大正・昭和を生き抜いてきた」と豪語し、時代が平成に変わった直後に「今は？」と聞くと、「今は平成じゃ」とおっしゃるほど矍鑠としている反面、絶えず誰かがそばにいて手を握り、声をかけていないと奇声を発してしまう認知症の兆候もみられました。

毎週一回、入浴目的でデイサービスを利用されていましたが、立派な体格である上に脚力が弱った方を、送迎担当の女性と奈津さんの二人で二階の部屋から階段を下ろし、車に乗せるまでにかなり時間がかかりました。体重もさることながら、ずっと大きな声でわめき、送迎は大騒ぎでした。

広いお宅なので、「一階のリビングの一角に、お姑さんの居住スペースを移せないでしょうか？」と提案したら、ご主人が「会社の人を招いてホームパーティーを開くのに不都合があるので」と却下されてしまいました。

このような日々が一年以上続くと、だんだんと足も弱り、脱水による微熱が続き、デイサービスの利用はできなくなりました。往診を受けながら在宅介護を続けられましたが、ついに奈津さんはご自宅で義母を看取ることになりました。

私たちが清拭のお手伝いにうかがうたびに感心するほど、本当によくお世話していることをお伝えすると、奈津さんはこのような話をしてくれました。

「義母は、とにかく大きな人でした。職業人としても、妻としても、母親としても立派な人でした。私などは、そばにいるのが精一杯でした。嫁いで間もなく、実の母が病に倒れたとき、『何も気にしないで、悔いの無いように看病してきなさい』と実家に帰してくれたのです。ありがたくて、ありがたくて、涙が出ました。もし将来、義母が寝込むようなことがあったら、恩返しにお世話させていただこうとずっと思っていました」

ご主人に介護の応援を頼んだとき、「そんなに大変なら、病院に入れればいいよ」とあっさり言われて、とても悲しい思いをしたそうです。奈津さんの気持ちを考えると、面子を重んじ、どこか他人事のようなご主人の態度に何かやりきれない思いがしたことを今も覚えています。

〈事例〉夫の無関心のため、義母と実父の介護に悩み無表情になった妻

坂下育代さん（五〇歳代・仮名）

パーキンソン病の義母を介護している坂下育代さんですが、デイサービスのお迎えにうかがうと、愛想の良いお姑さんに比べ、何と無表情なこと。これが、私たちスタッフの共通の印象でした。パーキンソン病には、「固縮《こしゅく》」といって筋肉の動きが悪くなる症状があります。それによって、パーキンソン病の方は一様に無表情になるといわれているのですが、この坂下家の場合、「お嫁さんがパーキンソン病じゃないの」と思ってしまうほどでした。お姑さんを送迎車に乗せて、もう一度育代さんに挨拶しようと振り向くと、すでに家に入ってしまっていたということも度々ありました。

デイサービスから帰ると、たいがいお留守なので、お姑さんが鍵を開けて玄関に入るところまで見届けていましたが、日によっては調子が悪く、部屋のベッドに横になるところまで介助する必要もありました。

ある日の夜、いつもより調子が悪く心細くなったお姑さんは、自分でデイサービスに電

話をしてきて、「とにかく誰か来て欲しい」と言うのです。連絡を受けた私は、育代さんも家に居るというので、とりあえず行ってみることにしました。私が家に着くころには、定時に飲んだ薬が効いて状態は落ち着いていました。

帰り際、見送りに出て来られた育代さんが「皆さん、私のことを冷たい嫁と思っていらっしゃるでしょうね」とおっしゃるのです。「はい」と返事をするわけにもいかないので、「ご一緒に暮らされていると、いろいろ大変なこともおありでしょうね」と言葉を返すと、後は堰《せき》を切ったように、結婚されてからのご苦労を話しはじめられたのです。

一人っ子同士の結婚で、母一人子一人のご主人だったため、結婚当初から同居したことにはじまり、どうしてもやさしい気持ちになれなかった自分を正直に認めていました。とくに、「あなたのご両親はご健在なのですか?」という私の質問に対する答えに、育代さんの深い思いが汲《く》み取れました。

それは、育代さんの父親が体調を崩し、母一人の介護では大変だったために長期に入院することになり、その末に亡くなられたということでした。その間、育代さんの夫は一度もお見舞いに行くことなく、お姑さんも夫に「行ってあげなさい」とも言わず、実父の容態を気づかう言葉を一度も聞かなかったというのです。

育代さんは、もっと実母の手助けがしたかったのですが、子どもがまだ小さく、お姑さんに預けて出かけることもできず、何もできなかったことが悔しかったと言います。その後、実母も体調を崩され、一人暮らしができなくなって現在は特別養護老人ホームに入っているということです。お姑さんがデイサービスに行っている週二日は、いつも実母の面会に出かけています。これで、坂下家がいつも留守であることの謎が解けました。お姑さんは、「私がいないと、嫁はいつも遊び歩いている」と言っていましたが、真相は違っていました。

育代さんは、両親に対して何もできない自分を責め、そのことに無関心な夫にも、お姑さんにもずっと腹を立てながらも、我慢して暮らしてきたようでした。

「だから今、いくら具合が悪いと言われても、心の底からやさしくできないのです」

同じ一人っ子の私には、育代さんの気持ちが痛いほどわかりました。

「それで、ご主人はお母さんにはやさしくされているの？」

私が尋ねると、

「いいえ、まったく無関心です。いくら調子が悪いときでも声一つかけないし、手を貸すこともまったくしません。手伝ってもらいたいと頼むと、すぐ病院に入れようと言います」

これは、人の痛みをわかるように育てなかった母親の責任だなと痛感しました。それが今、自分に返ってきているということなのでしょう。

「あなたがお姑さんのお世話をしている姿を、あなたのお子さんたちはしっかり見ています。学校の勉強よりも、もっと大事なことを伝えているのだと思ってください。それはあなたが年をとったとき、やさしくしてもらえるかどうかにつながっているんです。本当に病院に入院されるときも来るでしょうから、それまでは子どもたちにも手伝ってもらって、介護してみてください」

私はそう告げて、この日は別れました。この日以来、デイサービスのお迎えに行ったとき、育代さんは笑顔を見せるようになりました。「介護の苦労をわかってくれている人がいる」という安心感が、育代さんの心をほぐしたような気がします。

ただ、育代さんに介護が必要になったとき、このご主人はどうされるのか、それまでの日々は大丈夫なのだろうかとも気になります。定年離婚という記事を読むたびに、私は育代さんから聞いた話を思い出してしまいます。

これを機に、お嫁さんが義父や義母の介護で悩まれているときには必ずお嫁さんのご両親のことをお聞きし、ご主人がお嫁さんのご両親にどう接しているかを尋ねるようにしています。すると、自分の両親の介護を押し付けている割に、お嫁さんの両親に関しては無関心であり、社交辞令程度の付き合いしかしていない場合が多いのです。

〈事例〉姉に頭が上がらないふがいない夫

野中教子さん（五〇歳代・仮名）

専業主婦で、ご主人の父親を在宅で介護している野中教子さんがとても疲れている様子でしたので、ショートステイを利用するようにすすめました。ところが数日経って、その件が突然キャンセルされました。理由を聞くと、ご主人のお姉さんに反対され、ご主人も黙って従ってしまったということでした。これまでにも、夫婦で話し合ったことがお姉さんの一声で撤回されたことが何度もあり、お姉さんに頭が上がらないふがいない夫に教子さんはうんざりしているとのことでした。

その話を聞いて、妻を守れない腰砕けの夫に腹が立ちましたが、私に男の子の孫が生まれてからは、ちょっと気持ちが変わりました。幼稚園年中のお姉ちゃんが弟のオムツを上手に替える姿はとてもほほえましいものでした。「痛いの、痛いの、飛んでいけ〜！」とおまじないを唱えて泣いている弟を慰める小学校二年生のお姉ちゃんの存在はとても頼もしく思えました。このように孫三人が成長していくのを見ているうちに、「これじゃあ、弟というものは姉には頭が上がらないものだ」と妙に納得してしまったのです。

とは言っても、教子さんのことを思いやれば、やはり意識を変えてもらわなければいけないのは姉であり、ご主人です。在宅で安心して暮らせるのは、教子さんの献身的な介護があってのことです。日々の頑張りに感謝し、その気持ちを素直に伝えるどころか、介護のやり方が気に入らないというだけで口を出す姉、それに反論すらしない夫の態度は許されるものではありません。このままでは教子さんは追いつめられるだけです。差し出がましいことを承知でご主人を説得したところ、やっとＯＫが出て、教子さんにゆとりの表情が見られるようになりました。

このように、妻に無理解な夫やその身内がいるかと思えば、正反対のケースもあります。

〈事例〉実母の在宅介護に全面的に協力してくれた夫

里中京子さん（五〇歳代・仮名）

八四歳の実母を、実家のある岩手県の病院から埼玉県の自宅に引き取りたいと申し出た里中京子さん。夫はもろ手をあげて賛成したわけではないのですが、奥さんの勢いに押されて、在宅での介護に参加することになりました。

入院中に誤嚥性肺炎《ごえんせいはいえん》（食べ物や唾液が誤って気管に入ったことが原因の肺炎）を起こし、胃ろう（口から栄養や水分を摂取することがむずかしい患者に対して、皮膚から胃へ直接チューブをつなげる処置）になっていました。介護保険の認定度は要介護5、病院では長い間寝たきり介護を受けていました。

在宅介護をはじめた当初は完全に寝たきりの状態でしたが、起きて暮らす時間をできるだけ増やすようにすることで、身体状況がみるみる良くなりました。「もう一度、食事を口から食べさせてあげたい」と願う京子さんの願い通り、食事も普通に摂れるようになり、胃ろうも抜去されました。やがてデイサービスにも通うようになり、そこの外食デーで回転寿司に行った際には、握り寿司を八貫も食べたそうです。

三年ほど在宅で介護された後、入院。退院する予定日に体調が急変して、実母は亡くなりました。

京子さんは、この在宅介護の日々を振り返り、こう話されています。

「まず何より感謝していることは、主人が私の思いを遂げさせてくれたことです。この間、介護についていろいろ話し合い、それまでの何倍も会話が増えました。デイサービスの送迎も自宅の車で、すべて協力してくれました。本当に主人の協力なしには、ここまでやってこられませんでした」

ここでご紹介したいくつかの事例でもわかるように、親の介護は、将来の自分の介護と無縁ではありません。親の介護を協力して行い、絆《きずな》を深めた夫婦は、どちらに介護が必要になっても、やはり少しでも良い介護をしようと考えるでしょう。また夫婦の姿を見て育った子どもたちも、きっと協力的な存在になることでしょう。

もし、自分の介護を息子のお嫁さんに委ねざるを得ない方は、お嫁さんの両親の健康状態にも関心を払い、介護が必要な状態になったら、心置きなく実家に行かせる心づかいが必要です。また息子に対しても、お嫁さんの実家に不義理をしない教育も必要でしょう。

少しでも早く介護に関心をもつ

これまで介護は、ある特殊な領域で、特殊な人だけが関係し、私たちの生活には無縁であると思われがちでした。医療のほうがむしろ身近で、介護はそのまた向こう側にあり、できれば関わらずに済ませたいという位置にありました。

でもそれは、本当に無縁だったわけではなく、ただ関心がなかったか、できるだけ避けてきただけなのです。

ですから、介護が必要になった途端に現実のものとして重くのしかかり、すべてを受け入れなければならず、苦情一つ言えない、がんじがらめの状況で介護に関わりをもつ方が大勢います。

介護保険が導入されて保険料を納めるようになっても、この状況は急には変わりませんでした。最近になって、「今までは福祉と言われてきた介護が、権利の時代に移った」とマスコミが伝えるようになり、介護に対する関心がやっと高まってきたように思います。加えて、団塊の世代が定年を迎え、やっと他人事ではなくなってきたという感があります。

「介護を受けなければならなくなったとき、あなたはどこで暮らしたいですか?」

こうした質問に対して、身内に介護をしてもらいたいという思いから、在宅と答える方が圧倒的に多いようです。でも、在宅で身内を頼りにしていたら、やがて限界が来ることは目に見えています。

そのとき、共に支えてくれるのが介護保険で受けられるサービスです。デイサービスやショートステイなどを利用して、家族の介護負担を減らすことをしなければ、在宅で暮らし続けることは不可能です。

介護保険サービスを受けたくないから介護予防を頑張るという方もいらっしゃるでしょ

うが、将来介護を受けるか受けないか、どちらの確率が高いか本当にわかっているでしょうか。いくら介護予防に精を出しても、ちょっとしたアクシデントで介護が避けられない状況になってしまう可能性はどなたにもあります。

一人で頑張らないで、介護保険サービスは積極的に利用すべきでしょう。

「恐れる前に、まず敵を知ろう」

今後、必ずや訪れるであろう介護という現実。実際にそうなったときにあわてないように、少しでも早く介護に関心をもつことが大切です。

早めに介護施設を見ておく

介護が必要になったらどのようなサービスが受けられるかをあらかじめ知っておくために、早めに介護の現場（施設）に足を運んで内情をつぶさに見ておくと良いでしょう。もし両親が健在でしたら、元気なうちにそろって出かけ、両親も自分たちも「将来ここに入るかもしれない」という視点をもつことが大切です。きっとそこで、介護が他人事ではないということに気づかれるはずです。

現実に入らなければならなくなってからあわてて見学に行くから、肝心なことを見逃してしまうのです。まだゆとりのあるうちにじっくり見て、疑問に感じたことを尋ね、感じたままを正直に施設に伝えましょう。そうすることが、介護現場を変えることにもつながります。もちろん良い方向へ、です。

しかし、介護の現場は、「将来はこれで安心」と実感するにはほど遠いのが現状です。現場で働いている人自身、そこに身内を入れたくないと思ってしまうほど悲惨なところが多々あります。

昔から、「介護現場の常識、世の中の非常識」とよく言われてきました。介護現場では当たり前に行われていることが、世の中から見たら考えられないというようなことがよくあるのです。

たとえば、食事です。私たちがレストランに食事に行って、食べ終わるか終わらないうちに食器がどんどん片付けられたら、どんな気持ちになるでしょう。まるで「早く食べてさっさと席を立て」と言われているような気がしませんか。介護現場では、そのような食事風景は日常茶飯事で、自力でそこから逃れることもできず、そのような扱いを受けていることさえ周囲に訴えられないのです。

また、多くの人が介護ではオムツ交換が大変と思われているようですが、それよりオムツをしない、させない介護のほうがもっと大変で、そのためには人手もかかります。この人手は、お年寄りが最後までその人らしく生きていくためには絶対に外せないものなのです。

にもかかわらず、介護保険制度では、介護保険事業所に支払う金額を増やすと介護保険料に跳ね返るという仕組みで、保険料抑制のための見直しがあるたびに介護報酬が切り下げられています。その結果、介護現場の職員たちは低賃金で働き、結婚すると別の仕事を探さなければならないほど、先に希望がもてない職種となってしまっています。

本当にこれで良いのでしょうか？

また、介護保険制度の予備知識が何もないまま、介護が本当に必要になった段階ではじめて出会うため、介護保険サービスを受ける側は役所や事業者にひたすらお願いするしかなく、不満があっても文句を言うこともできません。いざ介護となったその日に、さまざまなことに気づいても遅いのです。

少なくとも、男性に比べて女性のほうが、介護をもう少し身近に感じているはずです。なぜなら、女性のほうがおしゃべり好きだからです。介護をしている友人から愚痴と共に介護の情報が入ってきます。実際に見聞きするチャンスも多いでしょうし、介護の講習会や勉強会が地域で行われているので、関心があれば男性よりは参加しやすいからです。ただ、その女性自身が、将来自分が施設に入所すると思っているかどうかは疑問です。

何らかのかたちで利用することになる介護保険サービスにもっと関心をもち、質の高いサービスが受けられるように変えていかなければなりません。

「今、変えないと！」

それが、ずっと介護の現場で仕事をしてきた私の強い思いです。

私たちの人生の終わりは、介護が決めると言っても過言ではありません。安易にオムツを当てられ、黙って天井を見ながら最期が来るのを待つようになっては困るのです。

介護施設の種類と特徴

私たちがよく耳にする介護の現場（施設）は、公共型と民間型に分けられます。それぞれの特徴は、次の通りです。

施設	特徴
〈**公共型**〉	
特別養護老人ホーム	通称は特養。健康管理、機能訓練を行う。長期の利用が可能。希望者が多いために入居がむずかしい。
介護老人保健施設	通称は老健。リハビリ重視の医療的ケアのもとで介護や機能訓練を行う。三カ月ごとに入所を見直して帰宅を目指す。
介護療養型医療施設	長期療養が必要な高齢者専門の医療施設。二〇一二年三月までに介護型の療養病床はすべて廃止される予定。
〈**民間型**〉	
グループホーム	認知症対応型共同生活介護。住み慣れた地域で、少人数で共同生活をする認知症の高齢者に介護や機能訓練を行う。

有料老人ホーム……介護型（施設職員のサービス）、住宅型（外部事業者のサービス）、健康型（要介護になったら退去）がある。入居一時金や月額利用料が高額な施設が多い。

高齢者専用賃貸住宅……通称は高専賃。高齢者円滑入居賃貸住宅（高円賃）のうち、緊急通報設備を設置し、バリアフリーにした賃貸住宅のこと。外部事業者のサービスを利用する。

介護施設を見学するときの心がまえ

早めに介護施設を見学しておくことの大切さは前述しましたが、ただ漠然とではなく、チェックすべきポイントがあります。

①お年寄りや職員は笑顔か

施設では、食事や、言うまでもなくオムツを交換しているところを見学することはできません。しかし、問題のある介護をしている施設にいるお年寄りの顔には笑顔がありません。表情が生き活きしていないのです。

どのような時間に見学に行っても、お年寄りの表情がそこの施設の介護の実態を物語っているということを覚えておくとよいでしょう。案内してくれる人が、建物や設備の充実ぶりや、施設としての介護の方針をいくら熱く語っても、実情はお年寄りの顔、そこで働く職員の顔にあらわれてくるものです。職員とお年寄りが笑顔で関わり、職員が生き活き働いているかどうか、それがどれほどのバロメーターになっているかは、施設を多く見れば見るほどわかります。

また、不慣れな方はお年寄りが大勢入所している施設に一歩足を踏み入れるだけで圧倒されてしまうものです。とくに重症と思われる方が多く見受けられると、「ここは大変な方ばかりを受け入れている」と思われるでしょうが、一概にそうとは言い切れません。

認知症でも身体障害でも、介護の仕方によっては問題なく暮らせるのに、いかにも重症な方がいるような介護の仕方をしている施設ということもありえます。切羽詰まってから見学したのでは、なかなかこのあたりの見極めがつかず、結局建物や設備だけを見て判断してしまうことが多くあります。その意味でも、ゆとりのあるときにじっくり見学をして、見る目を養うことが大切なのです。

現在、介護保険施設は第三者評価を受ける仕組みになっていますが、その評価委員をしている私の知人がこんなことを言っていました。

「施設によっては、お年寄りがまったく死んだような顔をしているのに、介護に関する記録から経理関係まで書類の整理だけはとてもよくできている場合と、お年寄りが生き活きとした表情をしているのに、書類の整理がまったくなっていない場合がある。評価委員として、どちらを良い施設と言うべきか、本当にやらなければいけないことはどっちなのか、迷うことがある」

このあたりが、現在の介護保険事業のむずかしいところですが、それほど施設によってお年寄りの表情は違うものです。

②健康なからだのときを基準にしない

施設を見学するとき、両親や自分が健康である今の基準で建物や設備を見ないことも大切です。将来施設に入ることが必要になったときは、すでに体力も衰え、心もとない思いになっているはずです。そうなったとき、豪華なホテルのような建物で大丈夫でしょうか。日常からかけ離れた環境は、決して居心地の良い空間とはなりえません。

温泉旅館のような広いお風呂も、健康なときに入るとすれば、ゆったりしたほうが良いでしょうが、足腰が不自由になったりすると、危険がいっぱいです。広い洗い場には転倒の危険があり、広い浴槽は溺《おぼ》れる危険があります。そうなれば当然、危険回避ということで機械浴（特殊浴槽）を使うことになります。

福祉機器展に行くと、この種の製品がたくさん展示されていますが、残ったからだの機能を生かせるようなものは多くはありません。腰かけることができれば、まだまだ普通の風呂（家庭で使っているような浴槽）に入れるのですが、そのことがあまり知られていないために、この種の機械が便利のように思えるのでしょう。

過剰介護が人を寝たきりにすることからすると、この入浴ほど自尊心、羞恥心を傷つけ、できることを奪ってしまうものはありません。

このような観点から施設を見て回ると、そこの介護方針や、要介護状態に関する知識の度合いなど、さまざまなことがわかるようになります。

老いに対するセルフイメージをつくり、家族で話し合い、本当にやらなければならない介護の中身を知るために介護講座にも積極的に参加するなどして、急を要する前に介護に関する知識を十分養っておくことは、介護不安の解消にとって大いに役立ちます。

有料老人ホームは「優良」？

老人介護施設というと、まずは特別養護老人ホームを、次に介護老人保健施設をイメージする方が多いでしょう。最近ではグループホーム（認知症対応型共同生活介護）も増えてきました。

同じように増えているものに有料老人ホームがあります。先の三カ所は、費用面の差はあまりありませんが、有料老人ホームは、入居金や一カ月の費用はピンからキリまであります。少しでも良い介護を受けられるようにと考え、費用が高い施設を選ばれる方も多いでしょうが、費用だけでは何の判断基準にもなりません。

飲食店を選ぶとき、大金を払ったからといって確実においしいものが食べられるという保証はありません。もちろんそれなりの構えの店で、吟味した素材を使い、腕の良い調理人がつくれば、それなりのおいしさに出会い、それなりの値段になることはあるでしょう。でも、値段の高いお店が必ずしも食事をする幸せにつながるわけではありません。

介護施設もこれに似ていて、高い入居金を払って入る有料老人ホームが、その人にとって居心地の良いところかどうかはわかりません。また、そこで行われている介護も、支払った金額に見合うものとは限らないので、よく調べる必要があります。

現在の有料老人ホームは、二種類に大別されます。一つは有料老人ホームとして新たに建てられた建物で、お年寄りが暮らしやすい造りと設備が完備しているため、入居金が何千万円とかなり高額なものです。もう一つは、もともと会社の社員寮として造られたような建物を改築して老人ホームにしたものです。こちらは入居金が何百万円と桁が一つ違い、月々かかる費用もかなり割安になっているものもあります。

しかし、高いから介護サービスが良く、安いから介護サービスが悪いとは一概には言えず、最後まで入っていられる施設かどうかなどの諸条件を比較しながら、きちんと見極める必要があります。

商業ベースに乗った介護

介護保険が導入されると同時に、今まで福祉と言われてきた介護が、商業ベースに乗るようになりました。有料老人ホームもまさしくこれに乗じて増えてきたものの一つでしょう。介護を受ける対象者を「お客様」と呼び、介護現場でも「○○様」という呼びかけが行われるようになってきました。接客マナーを教えるインストラクターが、介護施設の研修に呼ばれるようになりました。

福祉といわれていたころは「やってあげる意識」が強く、上から下への目線であったとよくいわれます。それが、介護保険料が徴収され、必要となったときに必要なサービスを受けることが権利となった時代に適応するためには、介護施設もサービス業に徹するということなのでしょうか。

私は、一九九六(平成八)年に設立された社会福祉法人の介護施設で仕事をしていたときから、「私たちはサービス業」とスタッフに言っていました。売り物は、介護というサービスなのです。介護する方とされる方の立場はいつも対等で、目線を合わせたお付き合いが一番大事でした。もちろん、上から目線ではありません。

でも、今のような「〇〇様」という呼び方をするような介護は必要ないと思っています。むしろ一見へりくだって聞こえるような関わり方のなかに、「どこまで親身な介護をしてもらえるのだろうか」と疑心暗鬼にさせるような問題点が隠されているように思えてならないのです。

介護とは、介護される方にもっと寄り添って生きることのような気がします。「お客様」として「接客業」の人に関わってもらうだけでは暮らしていけない、もっと深いものが求められています。

介護を受ける側の意識

もう一つ大事なことは、そこに入居して介護を受ける側の意識の問題です。

寝たきりにならないためには、残っている機能を十分使うことが大事であることは先に触れました。ところが、有料老人ホームに、それもかなり高額で入居した人ほど、「すべて、やってもらって当たり前」という思いが強いのではないでしょうか。

介護する側も、そうしたお客様へのサービスとして、すべてやってあげることが当たり前になってしまったら、すぐに廃用症候群から寝たきりの状態になってしまうのは目に見えています。

また、終日自室で暮らすことが当たり前で、食事のとき以外に外出することもなければ閉じこもり症候群となり、脚力の低下や、呆け症状の進行につながる場合も出てきます。

呆けたお年寄りの介護で大事なのは、「役目をもってもらう」ことにあります。しかしながら、こうしたお客様扱いの介護施設ではむずかしいのではないでしょうか。テーブルを拭いたり、洗濯物をたたんだりする仕事をお願いすると、お金を払っているのに働かせるとは何事だと怒るご家族がいると聞きます。

いずれにしても大事なことは、判断を迫られる状態が目の前にやって来る前に、できるだけ早くから介護に関心をもち、本当に必要な介護とは何かを知ることです。

第三章　突然の介護。さあ、あなたはどうする

介護保険制度って何？

日本は着実に、超高齢社会に向かって進んでいます。二〇一三（平成二五）年には、総人口に占める六五歳以上の人の割合が二五・一パーセントと四人に一人、二〇二三（平成三五）年には三〇パーセントと三人に一人が高齢者になると推計されています（『日本の将来推計人口（平成18年12月推計）』国立社会保障・人口問題研究所）。人口の高齢化に伴い、介護を要する人の数も年々増えています。

これまで、介護は家族中心に行うものという考えが支配的でした。しかし、介護をする期間の長期化や介護する家族の高齢化、介護費用の増加などによって、介護を家族だけで抱えこむことが困難な状況になってきました。

そこで、介護を私たち一人ひとりの老後最大の不安要因として捉《とら》え、国民が利用しやすく、公平で効率的な社会的支援の仕組みを、社会が連帯してつくるべきという考えのもとに二〇〇〇（平成一二）年四月からはじまったのが、介護保険制度です。

介護保険は、本人が希望する・しない、サービスを利用する・しないにかかわらず、四〇歳以上の国民全員が加入して介護保険料を納めなければいけない強制保険です。市区町村が保険者となって運営し、四〇歳以上の国民が納める介護保険料と、市区町村・都道府県・国の負担金を財源として、給付をまかなっています。

被保険者の範囲は、六五歳以上の第1号被保険者と、四〇〜六四歳までの第2号被保険者に分けられます。

第1号被保険者には、六五歳の誕生日を迎えたその月の末まで（一日生まれの人はその前月）に介護保険被保険者証（保険証）が交付されます。しかし、それだけでは介護保険サービス（保険給付）の対象とはなりません。日常生活において介護を必要とする状態になったら、まずは居住する市区町村の介護保険担当窓口に保険証を添えて申請して、「要支援（介護予防が必要）」または「要介護（介護が必要）」の認定を受けなくてはなりません。

第1号被保険者は、介護が必要となった原因を問わずに介護保険サービスが受けられますが、第2号被保険者は、初老期における認知症、脳血管疾患、筋萎縮性側索硬化症（ALS）、パーキンソン病など、厚生労働省が定める特定疾病などが原因の場合に限られます。

介護保険サービスで負担を軽減

在宅における介護の仕事は、二四時間態勢であり、年中無休といってもよいでしょう。とくに、家にいて家事を任されている主婦が介護を担うことが多く、日々の負担は想像を絶します。主婦が、介護に疲れ果て倒れてしまっては、家庭崩壊につながりかねません。

介護は、おもに精神的ケアと身体的ケアとに分けられます。介護される方にとってもっとも必要とされる精神的ケアは、家族にしかできないことがありますが、食事、入浴、排泄などの身体的ケアは、第三者でも代行できます。家族の限られた人だけが、介護の何もかもを背負ってしまっては、疲れ切ってしまいますし、介護されるほうも、ときには家族と離れたほうが息抜きにもつながるでしょう。

事実、介護保険制度がスタートした二〇〇〇年度の要介護（要支援）認定者は約二五六万人でしたが、二〇〇八年度には約四六七万人と、介護保険サービスの利用者が約一・八二倍に増えています（平成二〇年度『介護保険事業状況報告（年報）』厚生労働省）。このことは、介護保険サービスをはじめ、高齢者のための公的なサービスを積極的に活用して、プロに任せられるところは任せ、介護する方の負担を少しでも軽減しようという思いをもつ人が増えていることのあらわれでもあります。

介護保険サービスを利用するまでの流れ

介護保険は、健康保険と違って手許に介護保険被保険者証（保険証）があればすぐにサービスが利用できるというものではありません。どのような手続きが必要か、順を追って説明しましょう。

①相談
市区町村の介護保険窓口に相談し、介護や支援が必要であることを申し出ます。
↓
②申請
市区町村の窓口に、保険証とともに、介護保険サービスを利用するための要介護認定を申請します。本人や家族が出向けないときは、ケアマネジャーや地域包括支援センターに代行してもらうことができます（緊急の場合は、サービス開始と認定申請を同時進行で行わなけ

ればならない場合もあります）。

←

③認定調査

はじめての場合、原則として市区町村の調査員が自宅を訪れ、全国一律の七四の調査項目に基づいて聞き取りを行います。

←

④審査・判定

一次判定

認定調査の結果に基づいて、コンピューターにより一次判定を行います。

←

二次判定

一次判定の結果と、調査員による特記事項、主治医による意見書（傷病に関する意見等）に基づいて、介護認定審査会において保健、医療、福祉の専門家が審査・判定します。

←

⑤要介護の認定と通知

認定文書（保険証）によって、要介護認定度が通知されます。

［要介護認定度］

非該当＝自立　→給付なし（介護予防サービス）

要支援1・2　→介護予防給付

要介護1・2・3・4・5→介護給付

・認定結果に不服があるとき

市区町村の介護保険課に問い合わせます。通知書を受け取った日の翌日から起算して六〇日以内に、都道府県の介護保険審査会に不服申し立てを行います。

・心身の状態が変化したとき

有効期間内に心身の状態が変化し、介護の状況が変わったときは、区分変更申請ができます。

・更新を申請したいとき

介護保険サービスを利用するまでの手続き

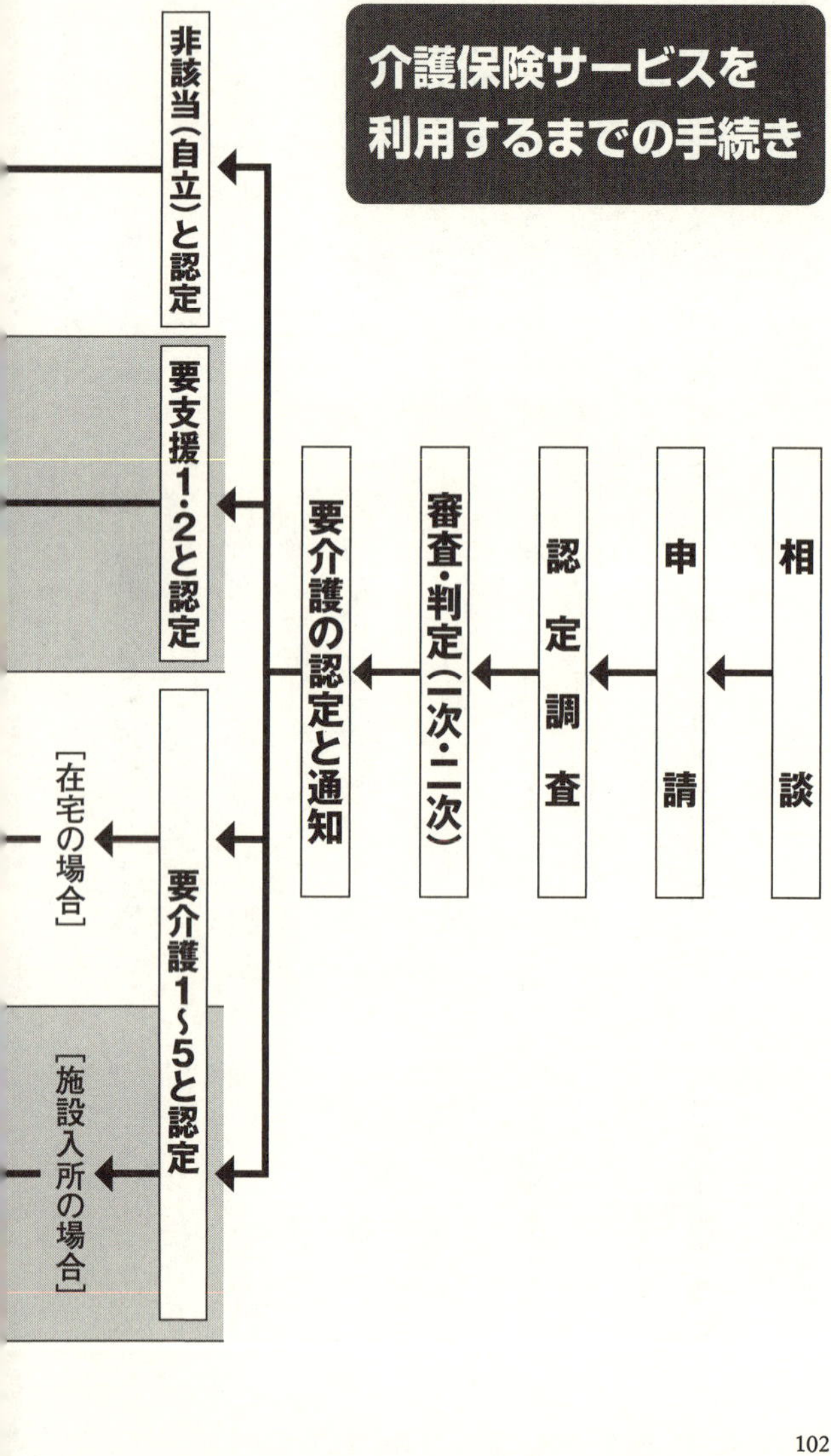

→ 介護予防サービスを利用

→ 地域包括支援センターに相談 → 介護予防ケアプランの作成 → 介護予防サービス提供事業者と契約 → 介護予防給付の開始（サービスの利用） → 介護予防ケアプランの見直し

→ ケアプランの作成（ケアマネジャーの決定） → ケアプランの確定 → サービス提供事業者と契約 → 介護給付の開始（サービスの利用） → 介護給付の更新の申請

→ 入所希望施設に直接申し込む

保険証に記載されている認定の有効期間が終了した後も、引き続きサービスを利用したい場合には、有効期間終了日の六〇日前から更新の申請をします。

要介護認定度と心身状態の目安

要介護認定度別の心身の状態の目安は、以下の通りです。

非該当＝自立

日常生活の営みに必要な基本的動作（日常生活動作）と、社会生活に不可欠な動作（手段的日常生活動作）が自分でできる状態。日常生活動作とは、食事摂取、排泄、歩行、衣服の着脱、両足での立位保持、座位保持、寝返り、起き上がり、洗身など。手段的日常生活動作とは、薬の内服、金銭の管理、電話の利用、調理、掃除、買い物などを指す。

要支援1

日常生活動作は、ほとんど自分で行えるが、要介護状態になることを予防する手段的日常生活動作については、見守りや手助けなど何らかの支援を要する状態。

要支援2

要支援1の状態に比べて、手段的日常生活動作を行う能力がわずかに低下し、何らかの支援をすることによって改善が可能である状態。

要介護1

要支援2に比べて、手段的日常生活動作を行う能力が一部低下して、部分的な介護が必要となる状態。排泄や食事はほとんど自分でできるが、身だしなみや掃除など、身のまわりの世話の一部に介護が必要な状態。問題行動や理解の低下がみられることがある人。

要介護2

要介護1に加えて、日常生活動作も部分的な介護が必要な状態。身だしなみや掃除などの身のまわりの世話、排泄や食事などの日常生活にも部分的に介護が必要な状態。歩行や、両足での立位保持や移動に支えが必要な人、問題行動や理解の低下がみられる人。

要介護3

要介護2に比べて、日常生活動作および手段的日常生活動作の両方が著しく低下した状態。身だしなみや掃除などの身のまわりの世話が必要、排泄や食事などの日常生活が一人ではできない、立ち上がりや歩行、両足での姿勢の維持などの動作が一人でできないことがある、いくつかの問題行動や理解の低下がみられることがあるなど、ほぼ全面的な介護が必要な状態。

要介護4

要介護3に加えてさらに動作能力が低下し、身だしなみや掃除などの身のまわりの世話が必要、立ち上がりなどの複雑な動作がほとんどできない、歩行や両足での姿勢の維持、排泄が一人ではできない、多くの問題行動や全般的な理解の低下がみられることがあるなど、介護なしに日常生活が困難な状態。

要介護5

要介護4よりさらに動作能力が低下し、身だしなみや掃除などの身のまわりの世話、立ち上がりなどの複雑な動作、歩行などの移動動作、食事、排泄が一人ではできない、多くの問題行動や全般的な理解の低下がみられることがあるなど、介護なしに日常生活を行うことがほぼ不可能な状態。

要介護度が認定された後のプロセス

介護の度合いがもっとも軽い要支援1から、もっとも重い要介護5までの認定を受けてから、実際に介護保険サービスが開始されるまでのプロセスは、以下の通りです。

要支援1、2と認定された場合

①地域包括支援センターに相談

要支援1または2と記載された保険証が届いたら、住んでいる地域を担当する地域包括支援センターに相談します。要支援のサービスは、在宅でしか受けられません。

←

②介護予防ケアプランの作成

地域包括支援センターと契約を結んで、介護予防ケアプラン（介護予防サービス計画）を作成します。保健師などのサービス担当者は、利用者本人の心身の状態、環境などに基づいて検討し、サービスの種類や回数を決めます。作成費用は無料です。

←

③介護予防サービス提供事業者と契約

契約書や重要事項説明書などによってケアプランの内容を確認したら、介護予防サービス提供事業者と利用に関する契約書を交わします。

←

④介護予防給付の開始とケアプランの見直し

介護予防ケアプランに基づいて、介護予防給付が開始されます。一定期間（三〜六カ月）ごとにサービスの達成度を評価し、必要に応じてケアプランを見直します。

要介護1〜5と認定された場合

①ケアプラン（居宅サービス計画）の作成

要介護1〜5のいずれかが記載された保険証が届きます。在宅とあわせて施設でのサービスも利用できます。在宅での介護を希望する場合は、市区町村の介護保険窓口か地域包括支援センターにあるリストから指定居宅介護支援事業者を選び、ケアプランの作成を依頼します。ここで、担当のケアマネジャー（介護支援専門員）が決まります。ケアマネジャーはアセスメント（課題分析調査）を行い、利用者本人や家族と相談しながら、ケアプランを作成します。

↓

②ケアプランを確定する

ケアマネジャーからケアプランの具体的な説明を受け、その内容を確定します。

↓

③サービス提供事業者と契約する

契約書や重要事項説明書などで契約内容を確認した上で、事業者との契約を結びます。ケアマネジャーは、サービス提供事業者の手配も行います。

←

④介護給付の開始と更新の申請

介護給付が開始されます。介護保険証に記載されている認定の有効期間が終了した後も引き続きサービスを利用したい場合には、終了する前に更新の申請が必要です（有効期間終了日の六〇日前から申請できます）。

・在宅ではなく、施設入所によるサービスを希望する場合

入所したい施設に直接申し込みます。その施設のケアマネジャーが、施設サービス計画を作成し、それに基づいたサービスが提供されます。

非該当＝自立と認定された場合

要支援でも要介護でもなく、非該当＝自立と認定された場合、介護保険サービスは利用

できません。しかし、高齢者の老化を予防するため、医療機関で生活機能チェックを行い、生活機能の向上を図ることが必要と認められた人を対象に、市区町村では介護予防サービスを実施しています。対象者となったら、介護予防ケアプランを作成して申し込み、サービスに参加します。たとえば、東京都目黒区では、足腰しっかりトレーニング教室、転倒・骨折予防教室、老化防止・栄養教室、お口の健康教室などが行われています。

介護の良否はケアマネジャーで決まる

ケアプランを作成するのは、ケアマネジャー（介護支援専門員）の仕事です（ケアマネジャーを介さずにケアプランを作成することもできますが、その場合は、いったん全額自己負担になるので注意が必要です）。良いケアマネジャーに出会えるかどうかが、介護保険サービスの満足度を大きく左右します。

ケアマネジャーの資格は、保健医療や福祉の分野での国家資格や実務経験を有する人にプラスするかたちで与えられるものです。そのため、その人がそれまでにどのような仕事をしてきたかによって得意な分野がかなり違います。

たとえば、かなり医療的なことも考慮に入れたケアプランが必要な場合は、看護の仕事を長く行ってきたケアマネジャーが、介護の指導を受けながら相談していきたい場合は、介護の仕事を長く行ってきたケアマネジャーが適任です。ケアマネジャーを選ぶにあたっては、それまでのキャリアが重要な要素となってきます。

介護次第で寝たきりから普通の暮らしに戻れる人に対して、相変わらず寝たきりにさせるケアプランしか作成されなければ、寝たきりの状態はずっと続いてしまいます。したがって、同じ介護の仕事をしてきたケアマネジャーでも、寝たきりにさせたままの介護経験者なのか、寝たきりだった人が起きて普通に暮らせるようにする介護経験者なのかによって、それからの暮らしが生き活きした方向に行くのかどうかの分かれ目になります。介護の良否にとって、ケアプランはそれほど重要なものであり、作成するケアマネジャーの資質、力量が問われるというわけです。

食事・排泄・入浴の三大介護は、今までの寝たきり介護でも行われてきましたが、生き活きした暮らしを支える介護では、美味しく食べる・すっきり出す・気持ちよく湯に入ることであり、この違いが理解できて、介護が自立支援のためのものであることをしっかり意識したケアマネジャーに出会えるかどうかがポイントです。

また、介護は医療系の施設や関係機関とのネットワークが求められますので、ケアマネジャー（の所属する事業所）は自宅にできるだけ近く、居住地域の生活環境をきちんと理解している人を選ぶことをおすすめします。

ケアマネジャーの報酬（ケアプランの作成費用）は、全額介護保険でまかなわれるので無料です。はじめから、完璧なケアプランを作成することは困難ですから、途中で不具合が生じたら、その都度ケアマネジャーに相談して見直します。

最初に契約したケアマネジャーに、ずっとそのまま担当してもらわなければいけないという決まりはありません。適任ではない、相性が悪いと判断したら、契約後であっても、所属する事業所の責任者に遠慮なく伝えて別の担当者に替えてもらうか、事業所そのものを替えてもかまいません。

地域によるサービスの差

介護保険サービスの内容は、全国どこでも一律が原則です。しかし、二〇〇六（平成一八）年四月からの改正介護保険制度により保険者が国から市区町村に変わり、地域包括支援センターの設置や、地域に密着した新しい介護サービス（地域密着型サービス）がスタートしました。従来と異なり、居住者が担当地域以外のセンターを選ぶことはできなくなり、センターという組織の力量の違いなどにより、地域によって受けられるサービスに差が生じるようになりました。

とはいっても、その差が著しく公平感を欠くというほどのものではなく、より良いサービスのために転居するというのもそう簡単なことではありません。各市区町村は、介護保険の総合パンフレットなどを作成し、その地域が独自に設けたサービスを掲載していることがよくあります。そうしたものを取り寄せて、自ら情報収集することも大切ですが、やはり、「餅は餅屋」です。相談事は、プロである地元のケアマネジャーに頼るのが一番です。

介護保険サービスの種類

介護保険によってどのようなサービスが利用できるのか、それに伴う費用はどのくらいなのかは、介護に対する不安をかきたてるもっとも大きな要因です。「知らなかった」と後悔することのないように、サービスの内容はしっかり把握し、それをもとにケアマネジャーにも伝えるべきことはしっかり伝え、充実したケアプランを作成することが重要です。

介護保険で受けられるサービスの種類は、介護の認定度によって異なり、一一六、一一七ページの表の通りです。しかし、これらのサービスは、無制限に利用できるというわけではありません。サービスごとに決められている介護報酬の単位を合計して、それが一カ月当たりの上限額（支給限度額）以内におさまるように、ケアマネジャーと相談しながら、必要と思われるサービスを組み合わせてケアプランを作成するものです。

介護保険の自己負担は一割

介護保険から給付される金額は、要支援か要介護かの区分によって上限額（支給限度額）が決められています。介護保険サービスを利用した場合、利用者は原則としてサービスにかかった費用の一割を負担します。実際の支給限度額は、金額ではなく単位で決められていて、サービス提供事業者の所在地やサービスの種類によって一単位当たりの報酬額が異

介護保険で受けられる介護サービスの種類

介護予防サービス（要支援1・2）	
	居宅サービス
	■訪問サービス
	介護予防訪問介護（ホームヘルプ）
	介護予防訪問入浴介護
	介護予防訪問看護
	介護予防訪問リハビリテーション
	介護予防居宅療養管理指導
	■通所サービス
	介護予防通所介護（デイサービス）
	介護予防通所リハビリテーション（デイケア）
	■短期入所サービス（ショートステイ）
	介護予防短期入所生活介護
	介護予防短期入所療養介護
	■その他のサービス
	介護予防特定施設入居者生活介護
	介護予防福祉用具貸与
	介護予防住宅改修費支給
	介護予防特定福祉用具購入費支給
	地域密着型サービス
	介護予防認知症対応型通所介護
	介護予防認知症対応型共同生活介護（グループホーム、要支援2のみ）
	介護予防小規模多機能型居宅介護

介護サービス（要介護1～5）	
	居宅サービス ■**訪問サービス** 訪問介護（ホームヘルプ） 訪問入浴介護 訪問看護 訪問リハビリテーション 居宅療養管理指導 ■**通所サービス** 通所介護（デイサービス） 通所リハビリテーション（デイケア） ■**短期入所サービス（ショートステイ）** 短期入所生活介護 短期入所療養介護 ■**その他のサービス** 特定施設入居者生活介護 福祉用具貸与 住宅改修費支給 特定福祉用具購入費支給
	施設サービス 介護老人福祉施設（特別養護老人ホーム） 介護老人保健施設（老人保健施設） 介護療養型医療施設
	地域密着型サービス 認知症対応型通所介護 認知症対応型共同生活介護 （グループホーム） 地域密着型特定施設入居者生活介護 小規模多機能型居宅介護 夜間対応型訪問介護 地域密着型介護老人福祉施設

なります。一一九ページの表は、利用できる金額の目安として、一単位当たり一〇円で計算しています。この支給限度額の上限額を超えた分については、全額利用者の自己負担になります。

実際には、介護保険の一割自己負担では済まず、食費、おやつ代、オムツ代、介護タクシーの料金といった介護保険の対象外の費用が思いの外かさんで驚いてしまうことがよくあります。ケアプランを作成するときは、対象外の負担がどのくらい見込まれるのかを、ケアマネジャーにしっかり確認することが大切です。

介護保険でどのようなサービスがいくらで受けられるのかは、本書巻末の『介護保険で受けられる主な介護（予防）サービスと費用の目安』（二〇一ページ）をご覧ください。

居宅サービスの支給限度額［1カ月当たり］

要介護状態区分	支給限度単位	支給限度額(サービス費用)
要支援1	4,970単位	49,700～ 54,910円
要支援2	10,400単位	104,000～114,920円
要介護1	16,580単位	165,800～183,200円
要介護2	19,480単位	194,800～215,250円
要介護3	26,750単位	267,500～295,580円
要介護4	30,600単位	306,000～338,130円
要介護5	35,830単位	358,300～395,920円

自己負担額は、
それぞれ支給限度額の
1割

※介護保険では、サービスの種類ごとに単位が決められていて、1カ月当たりの支給限度（サービスを使える範囲）も単位で示されます。支給限度額（サービス費用）は、単位に単価を乗じたものですが、単価は一律10円というわけではありません。サービスの種類や提供事業者の所在地によって、単価が10.68円、10.83円、11.05円のものもあるために、支給限度額に幅があります。

（資料『平成22年版 介護保険総合パンフレット』東京都目黒区健康福祉部介護保険課）

第四章　介護する方の心とからだのケア

外部の影響によるストレス

介護する方は、日々ストレスとの闘いです。ストレスは、外部の影響によるものと、介護そのものによるものとに大きく分けられます。

外部の影響によるストレスのなかでもっとも多いのが、孤独感です。「誰も私の苦労をわかってくれない」と思ったとき、介護する方は言いようもない孤独感におそわれ、それがストレスになるのです。

私は、デイサービスの施設で長く仕事をしていますが、スタッフには「お宅にお迎えに行ったときは、必ず介護する方にひと言声をかけましょう」と伝えています。お迎えに行ったお年寄りと一緒に車に乗って窓から手を振るのではなく、車に乗り込む前にいったんドアを閉めて、介護する方に向かって「お変わりはないですか?」「お疲れではないですか?」といったように、「あなたの苦労はよくわかっていますよ」という気持ちを伝えるための声かけをしようということです。話が長くなりそうになったら、あらためて電話するとか、専任の相談窓口に取り次ぐなどの対応をして、相手を気づかうことが必要なのです。

以前、アルツハイマー病の奥様（六〇歳代前半）の介護をされているご主人（七〇歳代）から、こんな話を聞いたことがあります。ご主人のお母様（九〇歳代後半）は健在で、弟の家に同居していました。夫婦で弟の家に年始に行った際、お母様はそのご主人に対してこうおっしゃったそうです。

「私は、あなたがヒロ子さん（奥様）にやさしくしている姿を見ることが、何よりも嬉しいの」

ご主人は、「その言葉に、僕は救われたような気がした」とおっしゃっていました。九〇歳をすぎ、ご自分も介護を受けながら暮らしているなかでもしっかり息子を褒め支えるお母様の姿勢に、とても感銘を受けました。と同時に、自分がその立場だったら、そのようなことが言えるだろうかと、深く考えさせられもしました。

介護する方のストレスの原因として、愚痴も聞いてくれないということもよく聞きます。「介護を替わってもらえなくても、せめて愚痴ぐらいは聞いて欲しい。できれば少しはねぎらって欲しい」。このような思いがかなえられないとストレスになります。

たとえばご主人なら、お母さんを介護している奥さんの愚痴を聞いたり、労をねぎらったりしてください。その効果は、お母さんにも出るのです。「嫁だから当たり前」ではないし、「言わなくてもわかっているだろう」でもないのです。わかっていても言って欲しいし、言わなければ伝わらないこともあります。

ご主人の親と同居して介護している場合は、それでもまだ愚痴が言いやすく、「本当なら、あなたがやることでしょ！」と、ご主人にちょっと強く出ることもできるかもしれません。しかしながら、奥さんが実の親の介護をしている場合は、もっと深刻です。この場合は愚痴が言えないことが多く、一人で大変さを背負ってしまっている方に何人もお会いしました。やはり、まわりの人たちの配慮で、気兼ねなく介護ができる環境づくりが必要です。

からだだけでなく、夫にまで気をつかいながらの介護は、ストレス以外の何ものでもありません。

また、手もお金も出さずに口だけ出す親戚というのも、介護する方にとってはストレスをもたらす存在です。親戚のなかで、自分がそのような存在になっていないか、たえず意識していることが大切です。

身体的ストレスと精神的ストレス

介護そのものからくるストレスには、身体的ストレスと精神的ストレスの二通りがあります。

身体的ストレスは、起き上がること、立ち上がること、寝ること、すべてに介護が必要で、オムツ交換や食事介助などの直接介護を行っている場合に多く生じます。加えて、夜間のオムツ交換による睡眠不足に起因することもあります。

この場合、きちんとした介護技術を身につけることによって、介護がずっと楽になる場合があります。力まかせの介護を続けていれば、腰を痛めたり、腱鞘炎《けんしょうえん》になったりして、介護する方の生活もつらくなりかねません。在宅介護においては、身近な専門職であるケアマネジャーに、上手な介護指導を依頼するのが何よりの安心材料となります。そのケアマネジャーが、オムツ交換をしたことがないようでは困るのです。

介護保険サービスのショートステイを導入することで、その間の数日はぐっすり眠れてからだが休まれば、だいぶ回復できます。また、ホームヘルパー（訪問介護）にできる部分をできるだけ多く替わってもらうことで、負担を軽減することもできるでしょう。

一方、精神的ストレスは、見守り程度の介護レベルで、とくに手を貸すこともないような場合に多く生じます。認知症の初期の段階などがまさしくこれで、まだ一人で何でもできると思っていたのに的外れなことをしてしまい、そのことを注意すると怒るので、こちらは何も言えなくなってしまうという時期がそれにあたります。

身近にいるからこそ、その状態がわかるのに、認知症の症状が出はじめたといくら話をしても、家族は誰も信じてくれないような場合もあります。あるいは、食べこぼすようになった要介護者とは一緒に食事ができないとか、入れ歯の洗浄がどうしても嫌など、きれい好きや潔癖性の介護者が、要介護者を生理的に受け入れられないことによる精神的ストレスもあるでしょう。

いずれにしても、息抜きをしながら関わることが、介護を長続きさせる秘訣です。デイサービス（通所介護）やショートステイ（短期入所生活介護）などの介護保険サービスを導入して、その間に介護する方はできるだけ自分の時間をつくり、ストレスを発散させます。

介護する方のまわりがストレスの原因を理解し、共有し、介護する方がわずかな時間でも介護から離れられる時間をつくれるように家族が協力することも必要でしょう。

そういった努力をしても、ショートステイから帰ってくる日のことを考えると気が重くなってしまったり、デイサービスの施設で身内のことをあれこれしゃべってしまうのではないかと思うと、怖くて行かせられないという人もいます。

また、施設への入院や入所が決まったにもかかわらず、そのことで一番楽になるはずの介護する方が、「もう少し頑張れたんじゃないか」と自分を責めてしまう場合もあって、何とも切ない感じがします。

身体的ストレスに比べて、精神的ストレスはなかなかすっきりしないことがあると聞きます。それでも、何もしないでひたすらストレスをため込むよりはマシです。

介護ストレスをためない

長年、介護に関するストレスや悩みのご相談を受けていると、相談される方に共通した特徴があります。それは、真面目でやさしい方が多いということです。介護にとってはどちらもとても大事なことですが、一方でこれらがストレスや疲れの原因にもなってしまうのです。

〈事例〉母親の介護に完璧を求める息子

駒井誠二さん（五〇歳代・仮名）

高齢でパーキンソン病の母親の介護と家事を一人でこなしていた独身の駒井誠二さん。あるとき、介護休暇をとったのですが、規定の日数だけで介護は終わるわけではなく、結局退職して介護に専念することにしました。

私が駒井さんにはじめてお会いしたのは、ちょうどそのころでした。熱心な介護ぶりに最初は感心していましたが、そのうち彼の介護ストレスに気がつきました。それは細かな介護日誌を見せていただいたときです。

そこには、食事の内容から日々の体調の変化などが、報告書のようにこと細かく書かれてありました。お腹をこわしたときの記録には、ポータブルトイレのなかの写真まで添えてありました。会社での仕事のエネルギーを、すべて介護につぎ込んでいる風でもあり、その記録は、きっと日々の証《あかし》だったのでしょう。自分のことを「介護オタク」と呼んでいました。この真面目な介護日誌の陰に、完璧を求める介護の姿勢がストレスになっていると感じたのです。

地域の公民館の集まりには、必ず車椅子を押して参加されるものの、それ以外の日々はほとんど二人だけの時間のなかで、だんだん気持ちが行き詰まり、酒量が増えていきました。ショートステイを使って、少しからだを休めるようにアドバイスをしましたが、ショートステイ先の特別養護老人ホームの介護では、母親の身体機能は維持できないと拒否してしまったのです。

確かに、日課で行っている体操と歩行訓練、オムツをしない排泄介助はそのまま替わってはもらえないかもしれないけれど、今大事なことは、あなたがからだを休めることだからと説得しました。しかし、「それでは母親がかわいそう」と受け入れていただけませんでした。結局彼は体調を崩して介護ができなくなり、母親は特別養護老人ホームに入所することになってしまったのです。

介護する方の多くは、身内が介護してあげるのが一番と思いがちですが、たとえそうだとしても、介護する方の心とからだにゆとりがなければ、本来の役割が果たせないということは知って欲しいのです。

ましてや、最後まで在宅で介護しようと思っているのなら、なおさら自分の健康が要であることを肝に銘じて欲しいのです。「もともと人との付き合いが苦手な人に、デイサービスをすすめるのはかわいそう」とか、「自分が楽をしたいために、嫌がっているショートステイをすすめるのはうしろめたい」などと、ためらっている場合ではありません。介護する方が倒れてしまっては、元も子もありません。

そのようなときは、どこまで在宅で介護をしようと思っているのか、もう一度家族で話し合った上で、「どうしても嫌だったら、いつでも帰って来てかまわないから……」と余裕をもって施設サービスを導入することがよいとアドバイスしています。

介護は長期戦である、家族にしかできないことがある、他人のほうが上手くいくこともあるなどを話した上で、しっかり寄り添って手を取り、最期を看取るときまで介護する方は体力を温存することが、本当は一番やらなければならないことではないでしょうか。

老老介護は二人をセットで

ただし、老老介護の場合は、少し対応が違います。あくまでも、介護者と要介護者二人をセットとして見守る必要があります。とくにご主人が奥さんの介護をしている場合、たしかに疲れて介護ストレスがたまっていると思われても、二人を引き離すことは最良の選択ではない場合もあります。介護する方の気力が急に減退して、体調を崩してしまうことがよくあるからです。どんなに大変でも、介護があるからこそ気が張って何とかなっているという絶妙なバランスで暮らしている場合もあるので、そのあたりの見極めが必要です。

また、実家にいる両親を、自分の兄弟の奥さんが介護している場合、どのような介護協力ができるでしょうか。

まずは、感謝の気持ちです。高齢者は、環境を変えずに暮らし続けることができるのが一番です。それを可能にしているのが、介護をしてくれる兄弟やその奥さんなのですから、十分に感謝の気持ちを伝えましょう。

できるだけ時間のやりくりをして、介護する方に休息を取ってもらうことが必要です。日を決めて両親に泊まりに来てもらうとか、実家に行ってその日は代わりにすべての介護をするとか……。また、デイサービスやショートステイの利用についても後押しをしてあげると良いでしょう。

このように介護する方のストレスは、ちょっとした心づかいで軽減できるものがたくさんあります。たしかに社会の仕組みのなかで考えていかなければならないことは多いのですが、社会が変わる前に身近で介護する方がつぶれてしまわないように支える必要が、今そこにあるということです。

第五章　［図解］覚えておきたい介助・介護のコツ

楽になる技術を身につける

いざ介護となったときに、何もかもすべてをホームヘルパーにまかせるというわけにはいきません。といって、訓練を受けたホームヘルパーの見よう見まねで、力まかせの介護を続けていたのでは、腰や膝を痛め、ストレスがたまって体調を崩しかねません。事実、介護のプロのなかにも、腰痛に苦しんで現場での仕事を辞めざるを得ない人が少なからずいることから、慣れない人が無理をするのはとても危険です。

そこで大切なのは、介護するほうもされるほうも、できるだけ楽になる介助や介護の技術を身につけることであり、それがしやすい介護機器を選ぶことです。

本章では、そのすべてを紹介することはできませんが、介助や介護が自立支援のためのものであることを念頭に、これだけは知っておいていただきたい技術の基本とコツ、介護機器の選び方を、図を用いて解説します。

すべてを介護機器に委ねない

介護を経験したことのない人は介護機器を見て、「こんなものが必要になるのだから、介護は大変！」と思ってしまうことも多いでしょう。もしかしたら、介護機器を開発されている方々も、「介護は大変！」と思ってしまっていて、少しでもその大変な介護を楽にできないかという思いから、数々の介護機器を生み出しているのかもしれません。

私がこの種の展示会に行くと、「介護が正しく伝わっていない」と実感することが多々あります。「こんな機器を導入しなくても、できることがたくさんあるのに……」「こんな道具に、自分が生きることを託せるだろうか」と、心失《う》す思いになってしまうのです。

介護機器を見るときは、それが介護する側に立ってつくられているのか、介護される側に立ってつくられているのかを見る必要があります。

介護する側に都合よくつくられた機器は、介護される側を受身にしてしまうものが多く、それを間違って使うと、身体機能を低下させ、介護される方の生きる意欲を失わせることになってしまいます。身近な食事用エプロンから入浴機器（特殊浴槽、機械浴など）まで、介護機器の大きさは関係ありません。別に食事用エプロンが悪い、入浴機器が悪いと言っているわけではなく、本当にそれが必要な状態なのかどうかという見極めが、介護する側にできているかいないかが一番問題なのです。

以前に、食事介助の機器を見たことがあります。はじめは介護ロボットをイメージしていましたが、指先一本で、先端に付いているスプーンやフォークで食事ができる仕組みのものでした。これで、かなり重度の脳性マヒの人が、自分で食事をすることができたという説明を聞きました。大がかりですが、貴重な自助具です。この介護機器を使う人が、自主的に暮らせるということになるならばすばらしいことです。

ベッドからトイレや浴室にまでからだを運ぶための、走行クレーンのような介護機器があります。これに乗せられることは受身ではありますが、介護される方が全身マヒであったり、からだが大きかったり、介護する方が高齢の場合などに、この介護機器のおかげで家族が一緒に暮らし続けられるようになることは、何物にも代え難いことです。介護の負担を軽減するために導入される介護機器は、生活必需品なのです。

一方、仕事柄、私が関わることが多い、生理学的動作（人間の自然な動き）ができる人は別です。脳卒中などの後遺症で片マヒのからだで生きていこうとする人に対しては、生理学的動作に則した介護をすることが大事です。何もできなくなった人のように、すべてを介護機器に委ねてしまうような介護は問題です。その人の障害をどう捉えるか、生理学的動作ができるかできないかによって、どのような介護機器の導入がふさわしいのかが見えてきます。

幅の広いベッドであれば寝返りがうちやすいこと、脚力に合った高さの椅子があれば自力で立つことができること、片マヒでも、脚力が弱っても一般の風呂に難なく入れる方法があることなどを、もっと多くの人に知っていただきたいのです。もちろん、介護機器を開発している人にも、です。

「もともと暮らしのなかで使ってきた生理学的動作を、まず生かすこと」、これが介護の基本です。そして、「介護の教科書は、自分のからだのなかにある」と、介護の実技講座では必ず伝えています。

ある介護機器の展示会で、パワーリハビリの機器類が展示されていました。どれも、ある程度身体機能が残っていなければ使いこなせないものに見えました。介護施設向けということでしたが、むしろフィットネスクラブがこれを導入し、介護職を雇って新しい事業展開をしたほうがよいのではないかという印象でした。

ベッドでの介助

介護用ベッドの選び方

足腰が弱ると、床から立ち上がることがむずかしくなります。布団に寝ている人の起き上がりを手助けするのも大変です。このような場合は、ベッドにすることが本人の機能を活かしやすい条件づくりになります。くり返しになりますが、手を貸すことが介護ではなく、できるだけ手を貸さずに済む条件をつくることが介護の出発点なので、ベッドを選ぶときも、それを基準にします。

たとえば、電動ベッドです。ベッドの高さが変えられて、頭のほうが上がるタイプを2モーター、足のほうも上がるタイプを3モーターといいます。

高さの調節まではいらないのではと思っても、将来、体調の変化に合わせて高さを変えることが必要となるので、ぜひこの機能のあるものを選びましょう。ベッドに腰をかけて高さを細かく変えてみると、重心が移動するのを感じます。介護では、この重心移動がと

ベッドの選び方

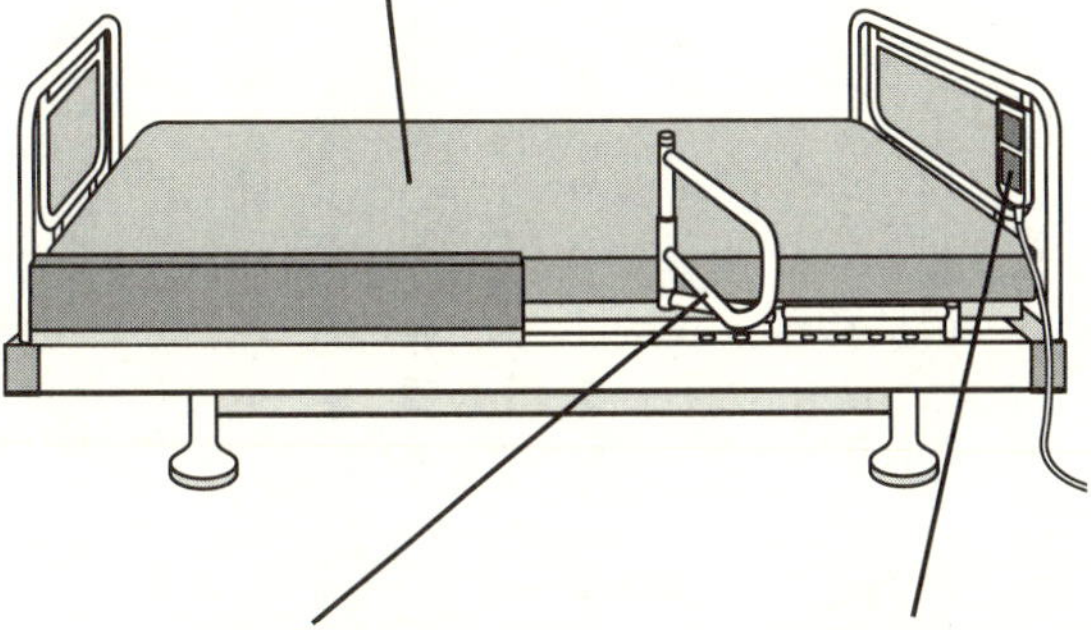
ベッドの幅は広いほう
(100〜120センチ)が
寝返りがうちやすい
介助バーは移乗の
ときに役立つ
電動でベッドの
高さが調節できる

ても大切です。

ベッドを少し上げて、足に体重がしっかり乗る高さにすることで、楽に立ち上がれます。逆に、ベッドを低めにして、お尻に体重が乗るようにすれば、座位が安定して楽に腰かけていられます。

問題は、ベッドの幅にあります。一般に介護用ベッドの幅は狭いものが多く、市町村からその購入に給付金が出ていたころから、だいたい九〇センチ幅で、マットは八三センチ幅でした。ベッドの幅が狭いと、寝返りをうって起き上がることがむずかしくなります。電動で起こせば何の問題もないと思われるでしょうが、自分で起き上がれる機能があれば、電動で起こさないほうがよいのです。なぜならば、残された機能を使って生きることが大事で、電動で起こしてしまうと、残った機能は使えなくなってしまうからです（廃用症候群）。

また、寝たきりによる床ずれ（褥瘡《じょくそう》）を生じさせないためにも、寝返りがうてるベッドの幅にすることは絶対必要条件です。

床ずれ予防のためにはエアマットが有効だと言われていますが、それは誤りです。片マヒで寝返りがうてるにもかかわらず、その機能が発揮できなくなって、床ずれがひどくなってしまうことがあります。幅の狭いベッドとエアマットだけでも、寝たきりはつくられてしまいます。

病院で使われているベッドも手術台も、幅が狭いものばかりです。そのほうが、治療や手術がしやすいからです。介護用品のすべてが、はじめは医療で使われていたものをモデルにしていたので、ベッドの場合も幅が狭いものになってしまいました。最近になって、主体は介護する側ではなく介護される側にあり、生理学的動作を活かすには幅の広いベッドが必要と言われるようになりました。幅の広いベッドというと、どんなに広いのかと思われるでしょうが、一般的なシングルベッドの幅で良いのです。それが介護用ベッドになると、「幅広」と指定しなければいけないのです。

幅は、最低でも一〇〇センチは必要です。からだの大きな方には、もう少し広め（一二〇センチ幅）のほうが寝返りしやすいでしょう。家具としてのベッドは、たいがいベッド（のフレーム）の幅とマットの幅は同じですが、介護用のベッドは、ベッドの幅から七〜一〇センチ引いたのがマットの幅になります。選ぶときは、必ずマットの幅で選ぶようにしましょう。

介護がしやすい位置にベッドを置く

在宅介護では、たとえば脳卒中の後遺症でからだの左右どちらにマヒがあるかによって、ベッドの置き方が違ってきます。マヒのないほうに寝返りがうてて、起き上がりができるように、マヒのないほうの空間を活かせるように置くことが求められます。

このとき、ネックになるのは、昔からよく言われている北枕です。亡くなった人を枕を北に置いて寝かせるという作法です。気にしない人は、「北枕のほうがよく眠れる」などと言いますが、気にする人にとっては、家具の配置換えをしてでも、北枕にならないように、介護がしやすい位置にベッドを置くべきでしょう。置き方を間違えてしまうと、いくら幅広の電動ベッドを入れても何の効果もなく、やがては全介助の状態にいたってしまいます。

このベッドの置き方のポイントは、骨折の場合も同じです。足の骨折の場合はもちろんですが、腕の骨折の場合も、折っていないほうへ寝返りをうって起きられるように、ベッドの位置を考えます。このポイントをはずしてしまうと、寝たきりになる危険性がありまず。

骨折で入院をしていて退院が決まったら、それに備えて退院後の生活を支えるケアプランが立てられます。そのとき、ベッドの位置がどうなっているかはとても大事です。担当するケアマネジャーが、そこまで配慮ができる方であって欲しいと切に願います。

ベッドにしないほうが良い場合がある

足腰が丈夫で、ずっと布団に寝ていた人が、多少物忘れをするようになり、初期の認知症と診断された段階では、まだ布団のままのほうが良いでしょう。

なぜなら、布団からベッドに変わっていることを忘れて、ベッドの上で立ち上がり、歩き出そうとして転落してしまう事故につながるからです。普通、ベッドからの起き上がりの場合は、寝返りをうってからベッドの下に足を下ろして立ち上がりますが、布団に寝ている場合は布団の上でいったん立ち上がってから畳に一歩を踏み出します。ベッドに替えても、習慣としてこの動作を行ってしまうため、転落事故につながってしまうのです。足腰が弱ければ布団から立ち上がることがむずかしくなるので、そのときがベッドへの替えどきと言えるでしょう。

寝返り介助のコツ

「介護の教科書は、自分のからだのなかにある」と言われる通り、わかりにくいことはまず自分でやってみることをおすすめします。

ベッドに仰向けに寝て、寝返りをうってみましょう。おそらく、両膝を曲げて寝返りを

寝返り介助のコツ

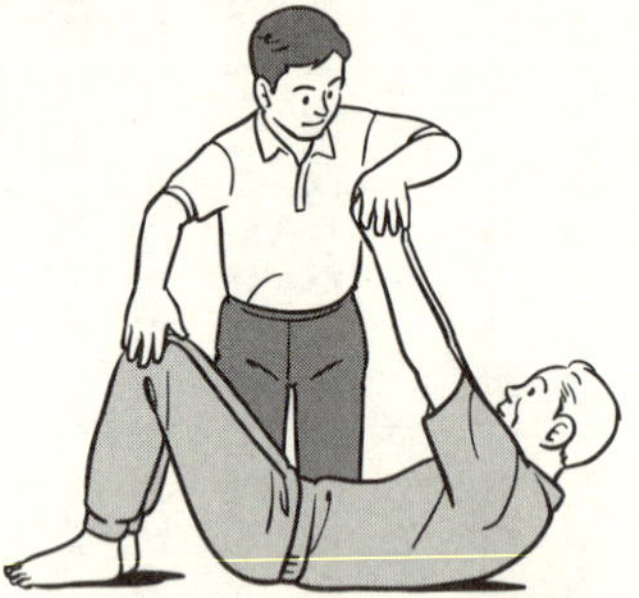

曲げて立てた両膝と、上げた両手に手を添える。要介助者は頭と肩を上げる

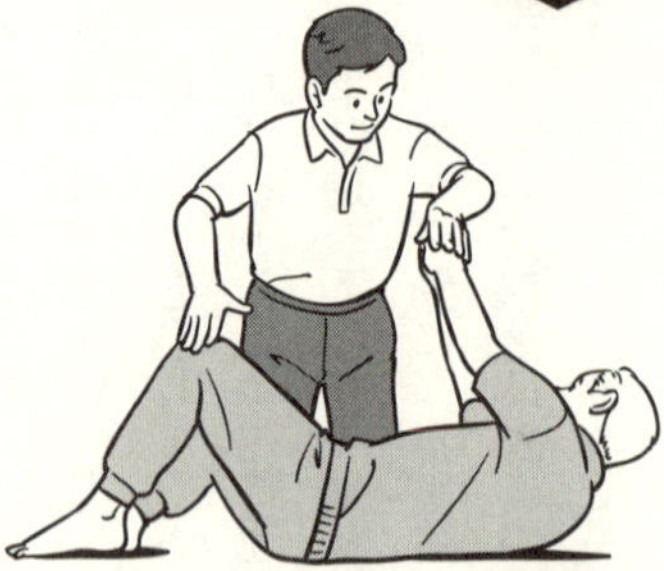

両膝と両手を同時に、寝返りをうつ方向に軽く引く

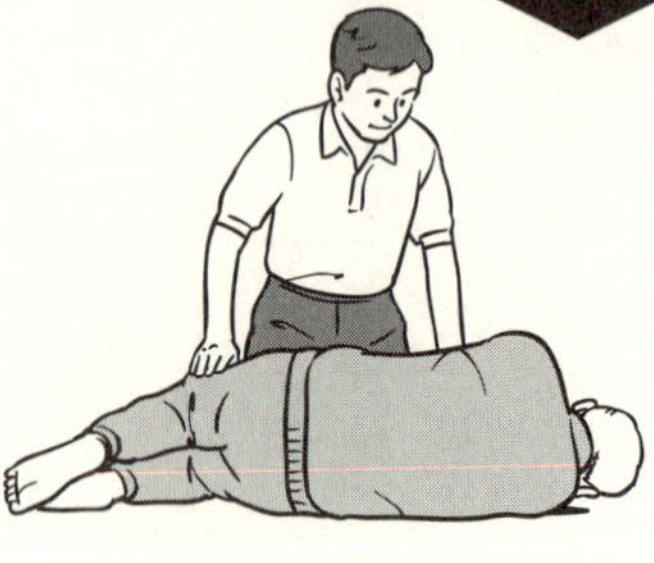

要介助者の自発的な動きに力を貸す

寝返り介助のコツ（四肢マヒの場合）

寝返りを打つ方向と反対の足首を上に重ね、その足首と同じ側の手をお腹の上に乗せる

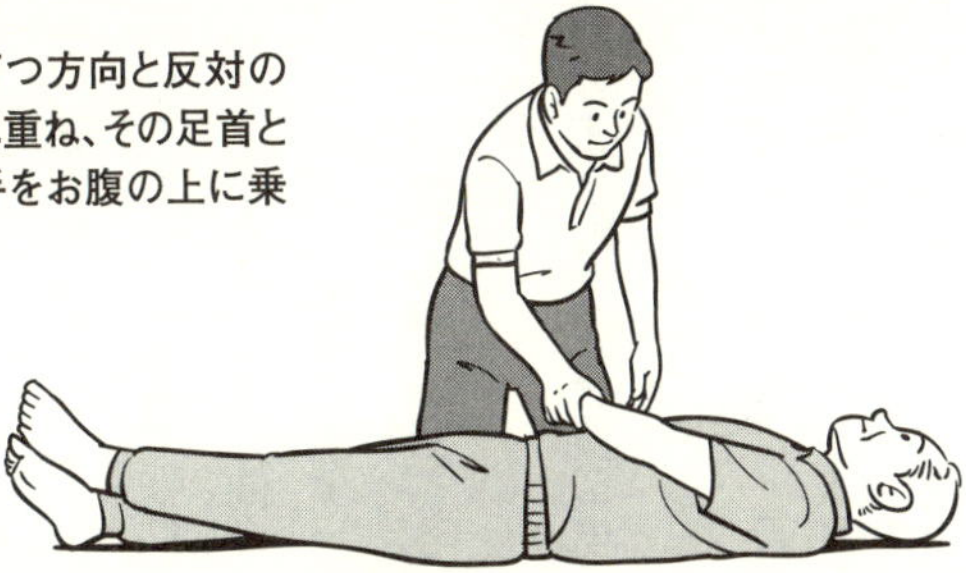

要介助者の肩と腰に手をあて、頭と肩が上がったら手前に引く

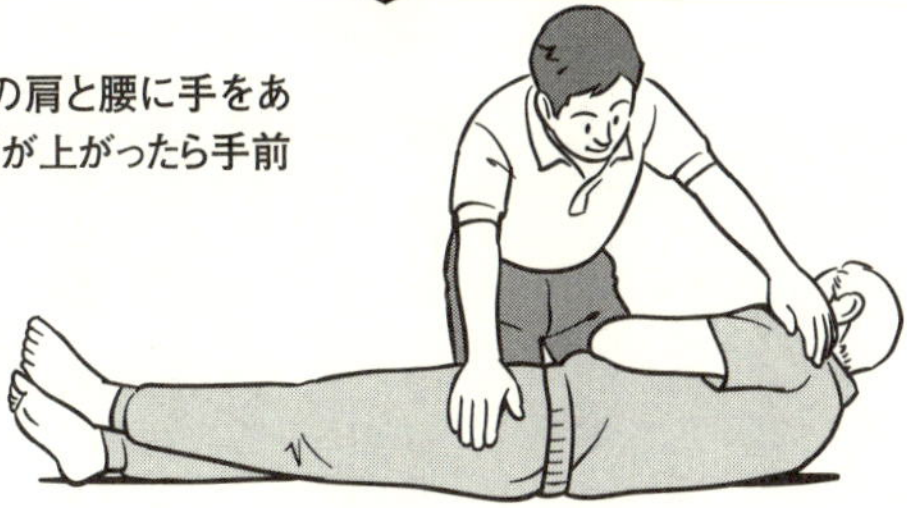

寝返りが安定するまで、あてた手は離さない

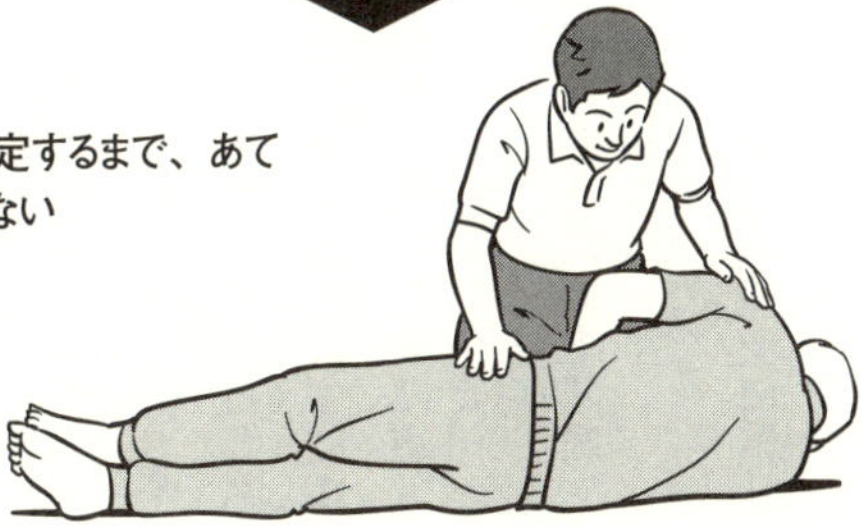

うちたい方へ倒し、同時に腹筋や背筋を使えば難なくできるでしょう。ポイントは、からだを伸ばしたままでは寝返りはうてないということです。

これを介助に応用します。介助される方は、このような動作を同時に行えなくなっていますので、動作を分解します。まず、仰向けで両膝を曲げて立ててから、寝返りをうちたいほうへ倒します。腹筋や背筋が弱っていると、この段階でからだはねじれたままになってしまいます。もう一度仰向けに戻って両膝を曲げて立てて、両手をからだと直角になるようにあげます。両膝を倒すとき、同時に手も同じほうに倒すと、からだはねじれずに寝返りがうてます。このとき、あごを引いて頭を持ち上げるようにすると、もっと楽に寝返りがうてます。

からだと床との接触面積が小さくなればなるほど、簡単に寝返りがうてるのです。真っ直ぐに寝たままの状態で寝返り介助をするのと比べてみれば、その差は歴然です。

両膝が曲げられなければ、片膝だけでもかまいません。マヒがある手はお腹の上に乗せ、マヒのない手をあげるだけでも効果があります。寝返りをうつ側に立って、この条件で手前に引いてみてください。寝返り介助が力仕事ではないことが実感できるはずです。

起き上がり介助のコツ

これも、自分で試してみてください。寝返りをうった状態から、腹筋を使えない状態をイメージして起き上がってみます。おそらく、下になっているひじに力を入れて頭を持ち上げ、次に手のひらに力を入れて上体を押し上げるような感じで起き上がるでしょう。上になっている手が、それを手伝うように床を押していたと思います。

このときのポイントは、頭がどのような曲線を描いて起き上がるかということです。介助するときも、この曲線のように頭が動けば、力が上手に移動できていることになります。

これを介助に応用します。介助される人の下になっている手とからだは、できるだけ開きます。まずひじに力を入れて、頭を持ち上げます。次に手のひらに力を入れて上体を押し上げます。頭を介助する方のほうへ引き寄せるようにすると、体重移動がスムーズにできます。手のひらがベッドの上につけないと、上体を押し上げる力が入りませんから、幅の広いベッドが必要なのです。介助する速度は、かなりゆっくりでないと介助される方の力はほとんど活かせません。また、助け起こすのは力の入れすぎです。手を離したら再び

起き上がり介助のコツ

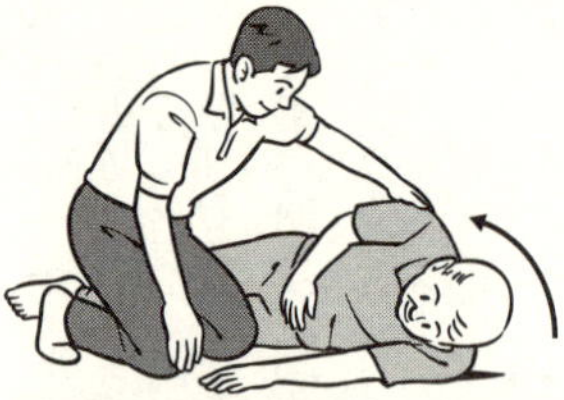

要介助者の腕を脇から60度程度開き、肩に手をあてる

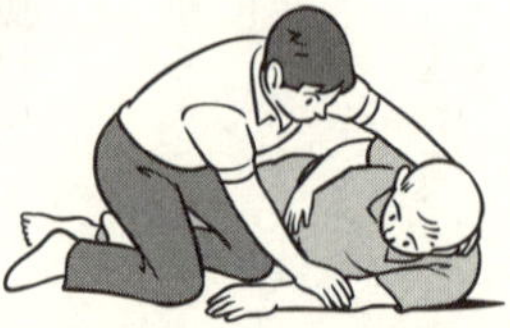

肩にあてていた手を首の後ろに移し、もう一方の手を要介助者のひじの上に置いて固定する

首の後ろを支えている手を少しずつ手前に引き寄せる。要介助者の自発的な動きに力を貸す

手を要介助者の手の甲の上に移動し、頭を前に出すようにしてひじを伸ばしてもらう

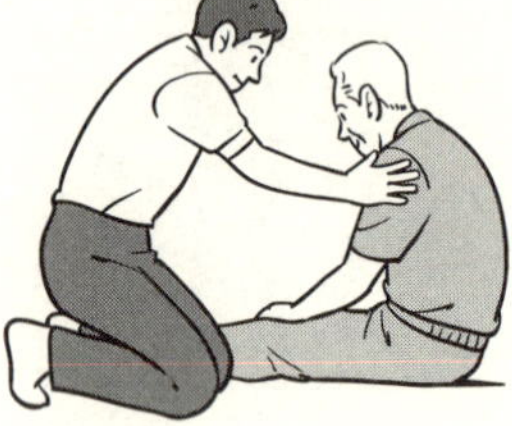

起き上がりが安定するまで肩を支える

力まかせの介助はしない

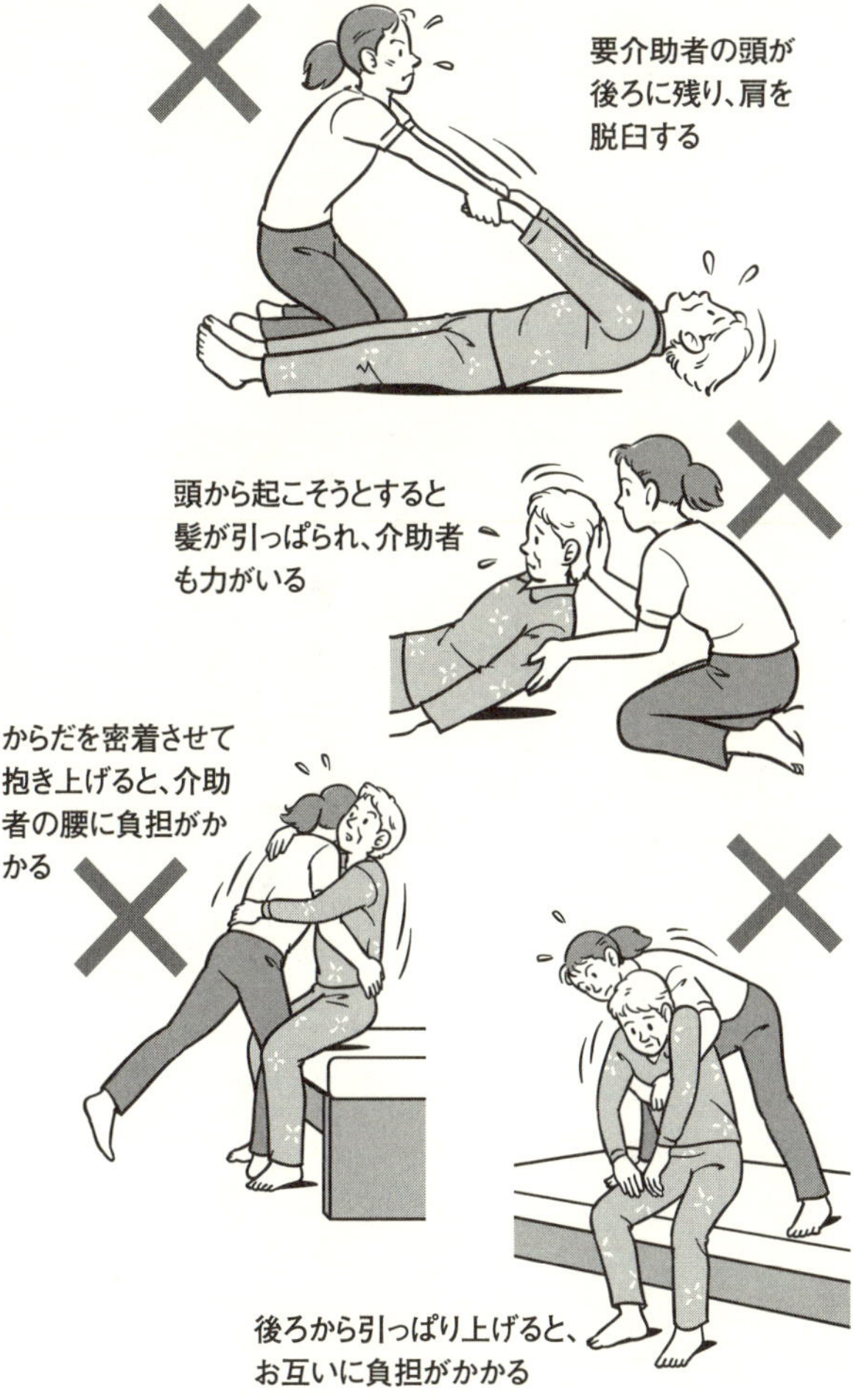

要介助者の頭が後ろに残り、肩を脱臼する
頭から起こそうとすると髪が引っぱられ、介助者も力がいる
からだを密着させて抱き上げると、介助者の腰に負担がかかる
後ろから引っぱり上げると、お互いに負担がかかる

寝てしまわないように、からだを支える程度に触れるのがよいでしょう。

ベッドの場合、起き上がる前に足を下ろしてあげると、より起き上がりやすくなります。


寝たきりにさせないベッドを使ったリハビリ

寝たきりにさせない生活ケアのポイントは、食事も排泄もベッドの上でさせないことです。電動ベッドで起こして、もたれた姿勢でご飯を食べさせ、オムツに排泄をさせて交換するのが排泄ケアだというような介護をしないことです。

もしかしたら、入院生活でそのような介護を受けていたかもしれませんが、退院してその延長線上で在宅介護を続けていると、本当に寝たきりになってしまいます。

起き上がりができるようになったら、端座位《たんざい》という座り方ができるようになることが重要です。端座位とは、背もたれにもたれずに、ベッドの端に足を下ろして腰かけた姿勢のことで、生活の基本になります。

腰かけて少し頭を後ろに反らしてみても、腹筋の力でバランスを取るために、普通はすぐに後ろにひっくり返るようなことはありません。寝たままの生活が長く続くと腹筋が弱まり、このような何でもないような姿勢ができなくなってしまうのです。

端座位では、必ず少し前かがみの姿勢で座ります。ここが大きなポイントです。前かがみの姿勢を安定させるためには、足の裏が床にしっかり着いていることが条件です。つまり先だけしか着かなかったり、まったく足が着かないと、端座位にはなれません。電動ベッドでしたら高さ調節をし、そうでない場合は足台を用意して足が床に着いているのと同じ条件をつくります。

寝たきりを防ぐ端座位の姿勢

最初はベッドに並んで腰かけ、肩に手を回して支え、端座位の姿勢が安定しているかを確認してから介助の動作に入る

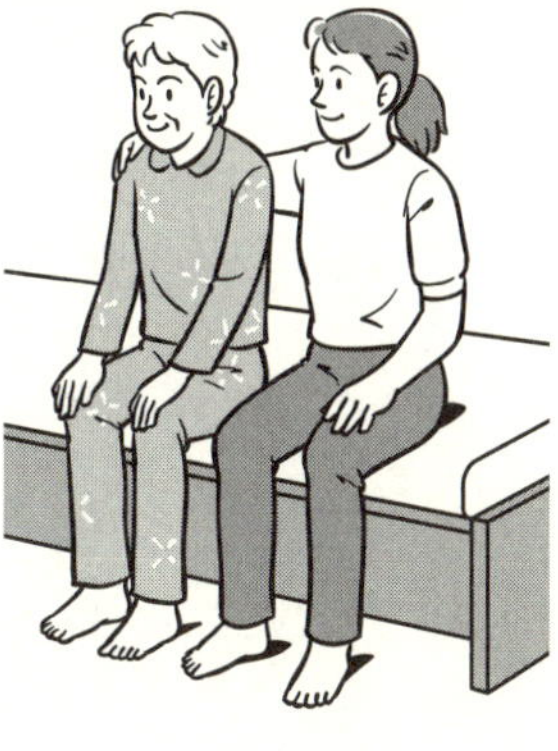

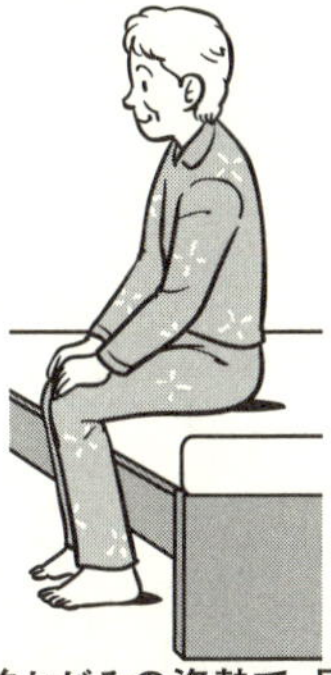

やや前かがみの姿勢で、足の裏がしっかり床に着くようにベッドの高さを調節する。ベッドが高すぎると前のめりになり、低すぎると後ろにひっくり返る

介助するときは、最初はベッドに並んで腰かけ、肩を抱いて支え、様子を見ながら手を離して一人で座れるようにします。端座位は、寝たきりを防ぐ重要なリハビリ法です。

立ち上がり介助のコツ

まずは、自分が椅子に腰かけてみて、どうやって立ち上がるかを確認してみましょう。椅子に浅く腰かけ、背もたれにもたれて、足を少し投げ出した状態では、腹筋、背筋、脚力がある人でも立ち上がりにくいことがわかるでしょう。

①からだを起こす。
②足を手前に引き込む。
③頭を前に下げ、前かがみの姿勢をとる。
④両足に体重を乗せたところから、お尻を上げる。
⑤膝を伸ばし、上体を起こし、立ち上がる。

立ち上がる順序は、誰がやってもこうなります。立ち上がり介助も、これと同じ順序で行うことが必要です。

立ち上がり介助のコツ

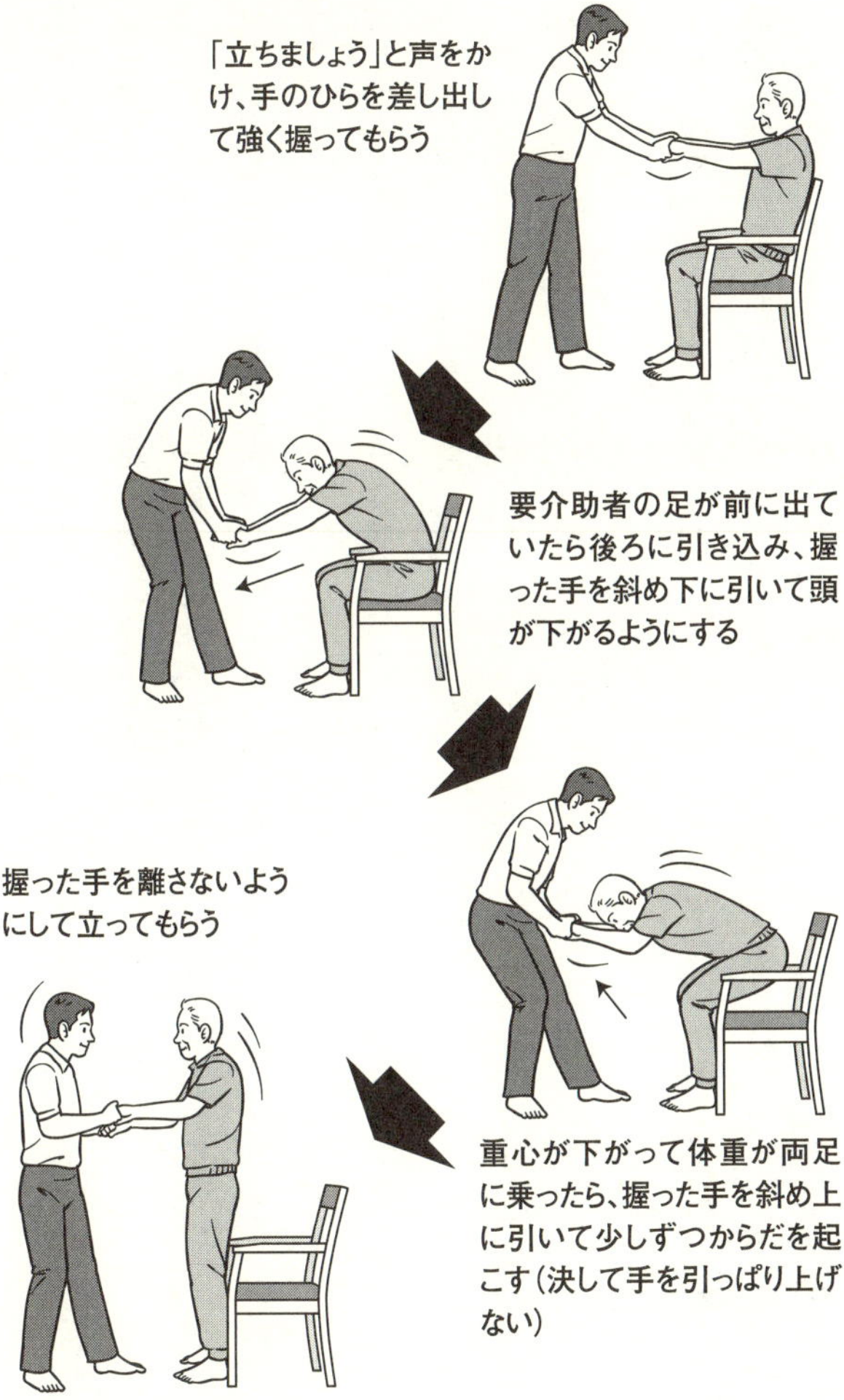
「立ちましょう」と声をかけ、手のひらを差し出して強く握ってもらう
要介助者の足が前に出ていたら後ろに引き込み、握った手を斜め下に引いて頭が下がるようにする
重心が下がって体重が両足に乗ったら、握った手を斜め上に引いて少しずつからだを起こす（決して手を引っぱり上げない）
握った手を離さないようにして立ってもらう

①「立ちましょう」と声をかけ、背もたれにもたれていたら、からだを起こします。
②足を手前に引き込む介助をします。
③頭を押すのではなく、手を下に引いて頭が下がるように促します。
④重心が下がり、体重が両足に乗るように介助します。
これが、立ち上がり介助の基本で、ここまで介助をするとあとは自力で立てる人も数多くいます。
⑤マヒのある方の立ち上がりは、マヒしていないほうの足をさらに手前に引き込み、そちらのほうへ頭を十分下げるように促します。
こうすれば、片マヒの方でも椅子から立ち上がれるのです。それができないのは、マヒしていない残された機能をきちんと使った立ち上がりの介助がなされていないからです。

椅子からの立ち上がり介助にあたっては、実際に手を貸す前に、「どうすれば、本人の力だけで立ち上がることができるか」を考えることも介護する方の役割です。足の裏が床にきちんと着いていることが前提ですが、椅子が高いほど立ち上がりは楽です。椅子が低かったら、座面に座布団一枚を敷いてみることも一工夫です。何もかも手を貸してしまうと、脚力の戻りが悪くなるばかりか、依存心が強くなることにもなりかねません。

ベッドから車椅子への移乗介助のコツ

ベッドから立ち上がってからだの向きを九〇度変え、車椅子に腰かけさせるのが移乗介助です。介助する方が、全身を抱きかかえるようにしてやろうとすると、バランスを失ったときに一緒に転倒してしまう危険があります。ここでも、マヒしていない手足の機能を使えるようにすることが重要です。

そのために、ベッドに介助バーを取り付けてみましょう。前かがみの姿勢を十分とるために、介助バーはできるだけ長いほうが効果的です。よくベッドの柵につかまろうとしますが、不安定でとても危険です。

まずはベッドから起き上がり、介助バーにつかまって端座位の姿勢になります。このとき、足の裏が床にしっかり着いていることを確認します。前かがみの姿勢から立ち上がります。立ち上がってからからだの向きを変えるとき、軸足を踏み変えるのではなく、軸足

車椅子への移乗介助のコツ（介助バーがある場合）

車椅子はベッドと平行に置く。片足をベッドに乗せて立ち、要介助者の端座位を支える

要介助者が介助バーにつかまって立ち上がったら片足をベッドから下ろし、腰に手を添えて支える

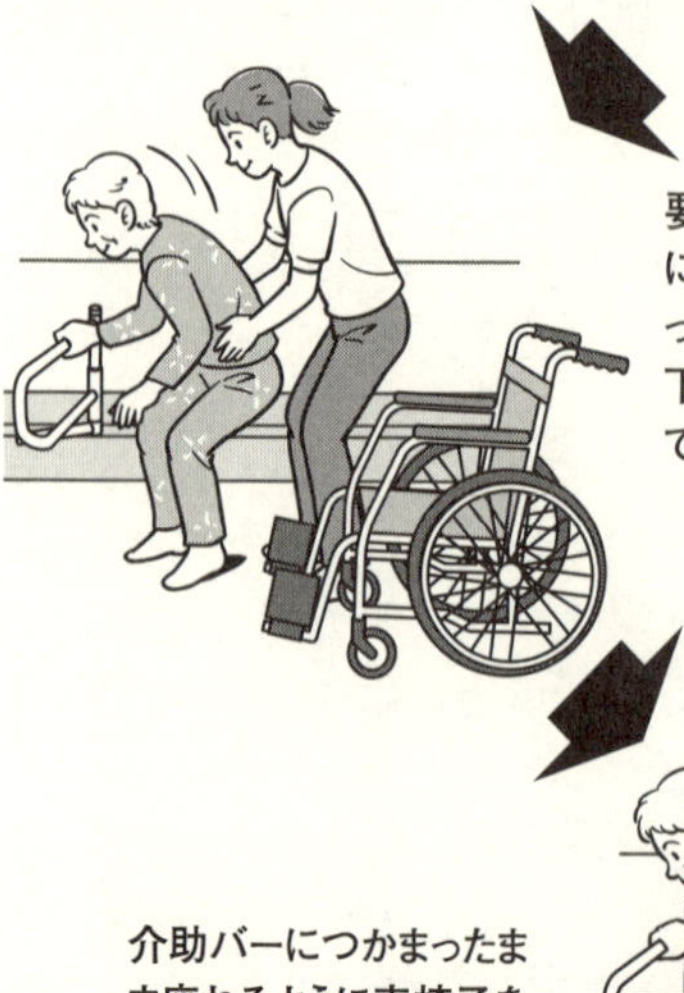

介助バーにつかまったまま座れるように車椅子を移動し、ゆっくり腰を下ろさせる

車椅子への移乗介助のコツ（介助バーがない場合）

要介助者が車椅子側になるように前にしゃがみ、腰を持ち、手を首に回してもらう。腰にあてた手を少し引いてお尻を上げる

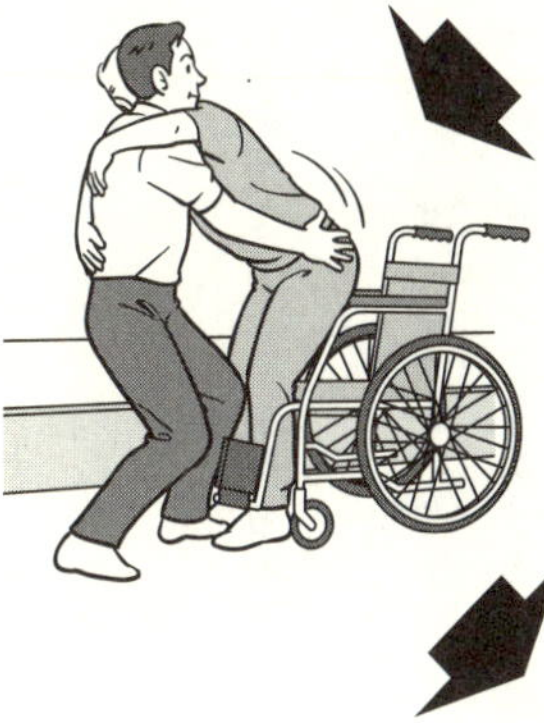

車椅子にお尻が向くように介助者は軸足をずらす（ずらす角度は 90 度以内）。要介助者に寄りかかってもらったまま膝を曲げていく

要介助者のお尻が車椅子に深く座れるまで腰を下げる

をずらして車椅子にお尻が向くようにします。ゆっくりずらさないと、足首を捻挫してしまいます。片足立ちはバランスを崩しやすいので、からだを支えるのが介助する方の役割です。

お辞儀をするように頭を下げ、お尻を突き出してから車椅子に腰を下ろします。そうすれば、ドシンと腰を下ろさないで済みます。

前かがみになることを怖がるような場合は、介助する方が前にしゃがんで、首に手を回してもらい、前に少し引くようにしてお尻を上げ、車椅子のほうへ向きを変えて座ってもらうやり方もあります。この場合は、介助バーは使いません。ただし、この方法を長く続けることはおすすめできません。できるだけ自力で移乗したほうが、機能アップにつながります。いずれの場合も、高いほうから低いほうへ移乗するほうがスムーズなので、ベッドの高さを車椅子よりも高く調整することがポイントです。

車椅子への移乗介助は、腰を痛めやすいといわれてきました。立ち上がり介助のとき、上へ引っ張り上げようとすると介助する方の背筋や腰に無理な力が入って、腰痛の原因になります。マヒしていない手足を使い、生理学的動作を活かせば、相手の力も十分に使えて、それほど腰に負担をかけずに介助ができます。

きちんとした生活ケア

従来から行われていた介護の中心は食事・排泄・入浴で、これらを三大介護と呼んでいました。これから私たちが目指していきたい介護も、やはり中心はこの三大介護にあります。「生き活きとした暮らしを支える」介護をするためには、おいしく食事する、すっきり排泄をする、気持ちよく風呂に入ることは欠かせません。これらきちんとした生活ケアのポイントは、まさしく「介護の教科書は、自分のからだのなかにある」にあります。

食事の介助

おいしく食事をする

私たちの生活において、食事はどのような位置にあるでしょうか。もちろん、生きるエネルギーにするためというのが、一番大きな目的でしょう。

　では、生きる意欲がなくなったらどうでしょう。その人にとって、一番大きな目的がなくなってしまうということですから、当然、積極的に食事は摂らなくなります。周りに食事をすすめてくれる人がいれば、何とか食べるのでしょうが、その量はおのずと減ってきます。無理に食べようとすると、むせたり、喉に詰まらせたりします。「もう年だから……」「こんなからだになってしまって……」と消極的な気持ちになってしまうと、すぐ食事の量に影響します。

　反対に、年をとっていても、からだに多少不自由があっても、生きる意欲がきちんとあれば、摂る食事の量についてあまり心配はなくなるでしょう。「生きていて良かった」「その日まで頑張ろう」と、気持ちが上向きになるような、楽しいことが心待ちにできるような生活が大事になります。

　こんな介護相談を受けたことがあります。「一人暮らしをしている高齢の父が、どのようなものを食べているか心配です」と、離れて暮らしている娘さんが心配されているのです。幸いお父様はお元気で、買い物にもとくに不自由のない、交通の便の良い地域にお住まいでした。

このような場合に私が一番気になることは、「何を食べているか」ではなく「どう食べているか」なのです。一人暮らしでも、変化に富んだ毎日があり、日々が充実していれば、あまり心配はいらないのですが、出かけることも少なく、人と話すこともあまりないような生活では、食事が「食べ物をただ口に入れる」以外の意味を持たなくなってしまう心配があるのです。「何か食べないとからだに悪いから……」といった程度の食事になっていないか気を配っていただきたいと、その娘さんにお伝えしました。

次に大事なことは、空腹感です。運動量が少ない生活をしていると、どうしても空腹感を感じないうちに次の食事時間が来てしまう悪循環となり、食事の量が低下してしまう場合があります。気分転換に散歩をする、適当な運動ができる生活を心がけましょう。

介護講座で、「おいしく食事をするには、何が必要だと思いますか?」と場内の人に聞くと、旬の食材を使う、味付けを工夫する、盛りつけ方と器、楽しい雰囲気など思い思いの答えが返ってきました。もちろん、どれも大事なことなのですが、「ここは料理教室ではなく、介護講座なので」などと前置きをした上で、私は、自分で食べられる工夫をすることと、落ち着いて楽しく食べられる環境をつくることの二点をあげています。

自分で食べられる工夫をする

同じ料理でも、介助で食べるのと自分で食べるのとでは、おいしさが違います。こぼしながら不自由そうに食べている状態を見ると、どうしても介助したほうが良いと思われるでしょうが、いくら計算された栄養食でも、自分で食べなければ効果は出ないほど大事なことです。そのために必要なことは、次の三つです。

・食べやすい形態で出す

指先の力や視力が弱くなると、細かいことをするのがむずかしくなるので、小口切りにするなどして、一口で食べられるような工夫が必要です。ただ刻み方が細かすぎると、口のなかで広がってしまって、余計食べづらくなるので注意しましょう。

硬いものは軟らかく煮て（軟菜食）、舌でつぶせるようにすると、歯のない方や咀嚼《そしやく》力《りよく》が弱った方でも食べられます。ただし、嚙《か》むということは意識して飲み込むことにつながりますので、嚙まないで喉の奥のほうへ流れ込む食べものを、半ば上を向いた姿勢で口の

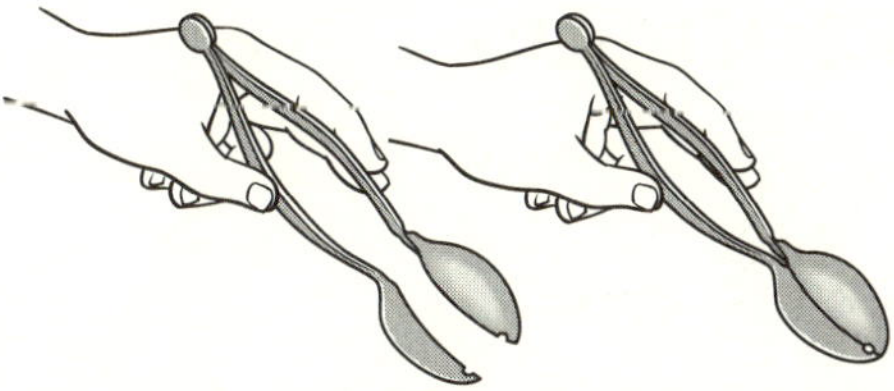

利き手が不自由になったときに便利な道具を使えば、食事の楽しさが失われない。ケンジースプーンは、刺す、すくう、切る、つまむなど何役もこなす

なかに入れることは、もっとも誤嚥（誤って気管に入ってしまうこと）の危険があります。

・食べやすい食器と用具を使う

片手が不自由な方には、滑り止めのついたトレーかシートの上に食器を並べると、食器が動かず食べやすくなります。とくに、利き手が不自由になった方には、ケンジースプーンが便利です。

・テーブルと椅子を食べやすい高さにセッティングする

よく食事をこぼして衣類を汚してしまうからと、食事用エプロンをかけて食事をしている光景を見かけますが、食事をこぼすのは、端座位の姿勢がきちんとできていないことが原因です。背もたれにもたれたままではどれほど食べにくいか、一度体験してみるとよくわかるでしょ

食事の介助のコツ

食事の姿勢は、必ず足が床に着き前かがみになることが大事。テーブルが高いときは、お尻の下に座布団を敷き、足の下に足台を置いて姿勢が保てるように調節する

要介助者の両手はテーブルの上に乗せたほうが前かがみの姿勢をとりやすい。介助者は並んで座り、食べ物は必ず下から運ぶ

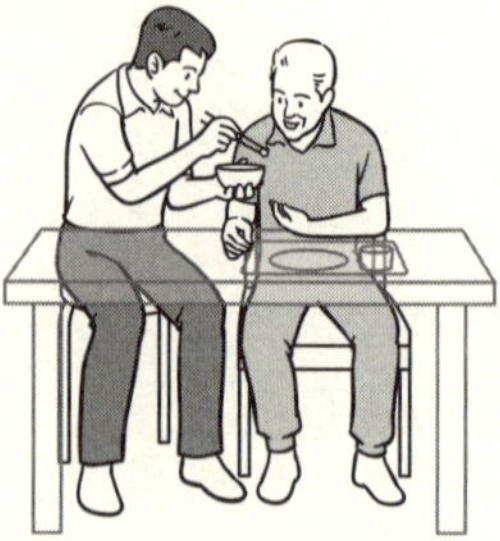

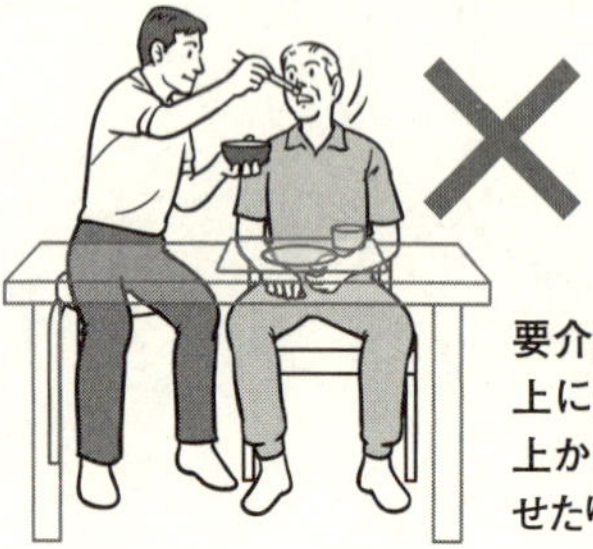

要介助者の両手がテーブルの上に乗っていない。食べ物を上から運ぶとあごが上がり、むせたり誤嚥の原因になる

う。背もたれにもたれずに少し前かがみになって腰かける端座位が、一番飲み込みやすく、むせにくい、食事の基本姿勢です。

テーブルの高さも重要です。腰かけてテーブルに手首を乗せたとき、手首とひじのラインが水平か、手首が少し低くなることが、前かがみの姿勢で食べるのに適した高さです。テーブルが高すぎるようだったら、低いものに替えるか、椅子を高くして手首とひじのラインを合わせ、足が床に着かなければ足台を置いて前かがみの姿勢が保てるようにセッティングします。

落ち着いて楽しく食べられる環境をつくる

どんなにおいしい食事も、一人で食べていたら味気ないものになってしまいます。食べさせる人・食べさせられる人のような関係ではなく、一緒に食事する雰囲気になるような工夫をすることが大切です。

たとえば、認知症が進んでも、箸はかなり長く使うことができます。でも、箸が使えなくなったら、スプーンやフォークもほとんど使えなくなります。この場合も、食べさせてあげるのではなく、自分で食べることができるように、ご飯はおにぎりにするなどの工夫をしてみましょう。

テーブルと椅子では落ち着けない認知症の方には、昔の生活習慣のほうが落ち着くということで、座卓と座布団にすることが効果的という場合もあります。

良い食事介助は、良い排泄介助から

二〇歳のときに脊髄《せきずい》の病気になって車椅子生活をするようになった友人から、私は、このような話を聞いたことがありました。

「どんなにおいしい店に連れて行っていただいても、手料理をご馳走《ちそう》するってお宅に呼んでいただいても、私たち障害者は、そのお店やその家のトイレが自分の機能で使えるとわかるまでは、水一杯も飲めないのよ」

お年寄りの介護からこの仕事をはじめた私は、介護を必要とされる方の声をほとんど聞かずにきてしまっていたため、この言葉を、本当に胸に突き刺さる思いで聞きました。

それからは、排泄介助の講座のときには必ずこの話をするようにしていましたが、阪神

淡路大震災のときの報道が、同じことが健常者にも言えることを、私たちに教えてくれました。避難所の方々に救援物資が配られ、とりあえず水と食料は何とかなったとき、次に起きた問題がトイレでした。避難所にいる人数に対して、仮設トイレの数は少なく、汚れもひどく、できるだけ行かないで済ませたいという方たちは、「必要最低限しか、飲まないように、食べないようにしています」と語っていたのです。

つまり、健常の人でも、安心して排泄できる保証がなければ、食べないように、飲まないようになってしまうのです。ましてやその排泄を、人の手を借りなければできない状況にある方々は、なおさらのことでしょう。

「良い食事介助は、良い排泄介助から……」。このことを忘れてはならないと、つくづく思います。もしかして、もう生きていたくないと思ってしまう理由の一つに、排泄に関する心理的負担があるかもしれません。

排泄の介助

すっきり排泄をする

私たちが普通に暮らしているときの排泄と、寝たきりの状態で介護を受けて暮らしているときの排泄の違いはどこにあるかを考えてみましょう。簡単に言えば、トイレで排泄するか、オムツに排泄するかですが、まず排泄の姿勢が違います。からだを起こしているか、横になっているかで、即すっきり感に違いが出ます。

実際に介護を体験する講座で、〝オムツを当てて、寝て排泄してみる〟という項目があります。体験者の感想は、異口同音に「出ない」「出せない」です。おそらく、オムツを当てての排泄は、出ない・出せないのに出てしまう状態であり、漏れる排泄なのです。これではすっきりしません。

次に違うのが、排泄物がすぐにからだから離れないことにあります。漏れて出るまでも相当不快感があるでしょうが、出たものがいつまでも陰部・臀部《でんぶ》にくっついている不快感は想像しただけでぞっとします。

人は、このような不快感から無意識のうちに逃れようとします。それが、出ることを忘れる・出たものが付いていることを忘れることです。出ることを忘れるということは尿意・便意がなくなることであり、出たものが付いていることを忘れるということは、陰部・臀部の皮膚感覚がなくなるということです。

でも頭のなかでは、こうした都合の良い部分だけがわからなくなるわけではありません。次第に他の大事なことも忘れるようになり、やがては呆けることにつながります。これが、「安易にオムツを当てると呆ける」と言われる理由です。

こうなる前にやらなければいけないことは、やはり機能の何が残り、何が失われたのかをしっかり見極めた介護です。

尿取りパッドやパンツ型オムツを利用

高齢になると、尿を漏らしてしまうことがよくあります。この場合は、尿取りパッドやパンツ型オムツを利用して、まだまだトイレを使う生活を続けることができます。

このとき、どのような状態で尿が漏れているのかによって、多少対応が違います。尿意はあるのに、尿取りパッドがいつも湿ったような感じで漏れているようなら、尿道括約筋のしまりが弱くなったためということでしょう。このようなお年寄りには、「水道のパッキングだって、古くなれば漏れるようになるでしょ。人間の場合、部品の交換はできないけど、長く使っていると、誰だって多少漏れるようになるわ」と話し、できるだけ気分が落ち込まないように配慮します。「誰だって、そうなる」というところが重要です。

尿取りパッドがいつも乾いているのに、排尿のときにぐっしょり濡れてしまう場合は、尿道括約筋のしまりはとてもよいのに、尿意が多少はっきりしなくなっているためにパッドに排尿してしまうことが考えられます。排尿の間隔を調べて早めに声をかけるようにして、失敗しないで済む対応をしています。どちらの場合も、普通にトイレで排泄することが可能な段階です。

オムツを使う前にポータブルトイレ

脚力が弱くなりトイレまで行けなくなったり、下着を下ろすときに立位（立った状態）

が保てなくなったときに、オムツを使いはじめることが多いようです。しかしながら、このような場合でも、全面的にオムツを使うには早すぎます。ポータブルトイレを利用すれば、すっきり排泄することができます。

在宅でのオムツ交換は、介護する側もされる側も、心理的にかなりつらい関係になります。あわせて、寝たままの排泄ではすっきり出ない場合が多いので、毎回少ししか便が出ず回数だけが増えて、オムツの交換が大変ということにもなりかねません。やはり、ポータブルトイレに腰かけてきちんと排便することが大切です。

ベッドからポータブルトイレへの移乗介助のコツ

ベッドからポータブルトイレに移すには、介助が必要になります。その方法は、ベッドから車椅子への移乗介助と同じです（一五六、一五七ページ）。

介護する方に力があれば、ポータブルトイレを導入した介護につながりますが、老老介護のように介護する方に力がないと、起き上がりや移乗の介助はむずかしく、楽なオムツ交換になりがちです。

でも、まだまだ諦めてはいけません。一日一回でも、きちんとポータブルトイレに腰かけて排泄できるように、ホームヘルパーを派遣してもらいましょう。食後に大便が出る場合が多く、同時に膀胱をからっぽにするような排尿ができるので、そのタイミングでホームヘルパーに来てもらってポータブルトイレに腰かける生活ケアが効果的です。

私が、ポータブルトイレでのきちんとした排泄がいかに大切かを実感したのは、次のような経験があったからです。

〈事例〉ポータブルトイレを利用するケアプランで、排泄を改善

グループホームに入居した山崎さとさん（九七歳・仮名）

一年前までは杖歩行をしていた山崎さとさんでしたが、腰痛をきっかけに寝たきりとなり、呆け症状も進んでグループホームに入居することになりました。移動するときは車椅子を利用しますが、大きな声で「籠《かご》の鳥」や「船頭小唄」などを歌われる、とても陽気な方でした。食事は食堂の椅子に移乗介助し、入浴は腰かけ台を利用して一人入浴ができま

したが、排泄はパンツ式オムツに尿取りパッドを使用していました。高齢で、横になる時間も多かったので、寝たままでの排泄の状態でした。やはり、ポータブルトイレを利用して排泄介助をするしかないと思い、一七五ページのようなケアプランを立てました。

はじめてポータブルトイレで排尿したときのことです。その尿は、すごく濃い色で濁っており、強い臭いを放っていました。パッドに浸み込んだ尿も臭ってはいましたが、飲んでいる薬の関係ではないと直感しました。私の記憶では、以前に嗅《か》いだことがある臭いだったからです。

私は、胆石の手術のために大学病院に入院したことがあります。手術前に、一日の尿量を調べる検査がありました。名前の書かれた蓄尿ビンがある棚に案内され、今日はこのなかに尿を溜《た》めるように言われたのです。同様に名前の書いてある蓄尿ビンが何本も置かれていました。朝は全部空だったそのビンも、夕方にはそれぞれの量が入り、独特の臭いを放っていました。山崎さんの尿の臭いは、その棚の前で嗅いだのと同じだったのです。何時間も棚のビンに放置された尿と、今膀胱から出てきたばかりの尿の臭いが同じということは、今まで排泄介助に関わってきたなかでもっとも強烈でした。つまり、山崎さんの尿は、膀胱のなかにずっと溜まっていたということなのです。

この日から、ケアプラン資料に基づいた山崎さんの排泄介助を皆で行うようになりました。すると日を追うごとに、あんなに濁っていた尿が、本当にきれいな薄い黄色に変わったのです。尿量もたっぷり出るようになりました。膀胱を空っぽにする排泄が、人間にとっていかに大切かということがわかりました。あの濃縮・混濁の尿のなかに雑菌が繁殖すれば、膀胱炎や腎盂《じんう》腎炎（腎盂炎）の原因となるのでしょう。どんなに要介護で寝たきりであっても、一日一度は腰かけた姿勢で、しっかり排泄をすることの必要性を実感したのです。

排尿と同様に、排便も驚くべき成果がありました。それまでは自然排便はほとんどなく、座薬などを使って少しずつ出していたのですが、ポータブルトイレに腰かける回数が増えるにしたがって、すばらしい排便になりました。記録のなかに、「四センチ×二〇センチの排便あり」という記載があり、思わず笑ってしまったほどです。

でも、いつもすんなり出るわけではありません。肛門《こうもん》付近まで便が下りてきても、そこから押し出す力が足りないので、肛門が数センチ開いているような状態にもかかわらず、

ケアプラン資料

山崎さとさんの排泄介助に関して

※排泄のタイミングは、ご本人が訴えたときと、食後に行いましょう。
ご本人がはっきりと訴える場合もありますが、「お尻が痛い」と言ってズボンの前を触るのも合図かもしれません。

※排泄はポータブルトイレを使用するほうが安全で、お互いに無理がないと思います。
車椅子→ベッド（ズボン・下着類を下ろす)→ポータブルトイレ→ベッド(ズボン・下着類を上げる)→車椅子

※排泄時は前傾姿勢をとってもらう工夫をしましょう。
ポータブルトイレの前に車椅子を横向きに置き、ひじかけにつかまってもらって前傾姿勢にします。排尿がない場合は、ペーパーで陰部を清拭するように刺激すると排尿があります。これをくり返すとかなりの量が出て、膀胱が空になります。また、仙骨の周囲を軽く円を描くように触るのも効果的です。

※食後には必ず上記をくり返して生活習慣にしましょう。

※入浴前後もベッドを経由して下着の着脱を行うと、一人介助で安全にできます。入浴前にはポータブルトイレに座っていただいてください。

排便になかなか至らないことがあります。

そこで登場するのが、〝うんこのお産婆さん〟です。別に、たいした技術ではありません。ジャンケンのチョキのまま手のひらを上に向け、人さし指と中指の腹で肛門の両端を上に持ち上げ、ストンと手を離す動作をくり返すのです。すると、肛門周囲にあった便が重力で徐々に下りてきて、やがては見事な排便につながります。

寝たままで何とかしようと思うから、摘便《てきべん》（肛門から指を入れて便を摘出すること）をしなければならなくなるのです。ポータブルトイレに座り、この方法で粘膜に触れることもなく便が肛門から出てくれれば、自然に腹圧もかけられるので、自分で出したというすっきり感があります。摘便の感覚とは大違いです。

山崎さんは、きちんとした排泄介助がいかに大切かを私たちに教えてくださいました。

認知症の排泄ケア

認知症の方の排泄ケアでも、やはりどのような機能が残っているかがポイントです。失禁をするようになると、尿意も便意もなくなったと思われがちですが、そうではない場合もあります。何となく落ち着きがなくなって、歩き回っているうちに失禁してしまうような場合です。おそらく尿意は感じていたのでしょうが、それと排尿が結びつかないために落ち着かなくなり、うろうろしているうちに限界を超えてしまったということなのです。

何となく落ち着かない行動を見かけたらトイレに案内すればよいということになります。本人から排泄についての訴えがなくても、それを感じ取ることが介護する者の役目です。だいたいの排尿間隔を知れば、声かけなどのタイミングもわかってきます。排便も同じように、いつ出たか、滞っていないかを知ることが介護する方の役目です。排便が滞ると怒りっぽくなったり、オムツに排便したまま放置すると弄便《ろうべん》などの問題行動につながることもあるので、とくに気を配っておきたいものです。

介護でもっとも大事なことは、その人の存在をしっかり受け止め、支えること。そして、生きるという気持ちをいかにして保ってもらうかではないでしょうか。いくらご飯をよく食べたと喜んでも、その後の排泄から目を背けてしまっては何もならないのではないかと思います。

介護が生きるという気持ちを支えられるかどうかは、生きている証拠である排泄を喜べるかどうかにかかっています。

入浴の介助

普通の入浴で感激の涙

三大介護として、食事と排泄に入浴が加わるのは、いかにも日本的のようです。なぜならば、海外では、入浴は単にからだを清潔に保つにとどまっているように思えるからです。からだの清潔を保つだけならシャワーでこと足りるわけで、何も湯船につかる必要はありません。

これまで、介護での入浴にも多少これに似たイメージがあり、清潔を保ち、なおかつ湯船につかるために、あの機械浴（特殊浴槽）が取り入れられていたわけです。もちろん、どこの施設にも普通の浴槽はありましたが、それは一般の家庭にあるような浴槽ではなく、温泉のように広くて、階段やスロープを歩いて入るタイプのものが主流でした。そのために、脚力が弱るとその浴槽に入ることが困難になり、機械浴が必要となったのです。そうしてまでも、湯船につかる入浴が大事だと考えられてきたのです。

別にそのこと自体が間違っていると言いたいわけではありませんが、あるとき、何の変哲もない浴槽に入ったお年寄りの涙が、普通の入浴を求めていたことを知らされたのです。

私が関わっていたデイサービスの浴室は、一般の家庭にあるのと同じ浴槽が、半埋め込み式（洗い場から四〇センチの高さになるように、二〇センチ埋め込んである）に設置され、その横に浴槽と同じ四〇センチの高さの椅子が用意してありました。

脳卒中で軽い左マヒが残ったそのご婦人は、デイサービスに来られ、浴室にも見守り歩行で行けるほどでした。浴槽横の椅子に腰かけ、まず右足、次に軽いマヒの左足を浴槽に入れて立ち、そこからゆっくりしゃがんで肩までお湯につかりました。

そのとき、ご婦人は涙を流されたのです。私はビックリして、「どうされたのですか？」と聞くと、「私はもう、こういうお風呂には入れなくなってしまったと思っていました」と言われたのです。

ご婦人が以前に入っていた老人保健施設は、温泉のような浴室で、弱った脚力ではスロープを歩いて浴槽に入ることは危険なために寝たままの機械浴でした。ストレッチャーに横になり、タオルをかけられての入浴は、怖かったし、恥ずかしかったそうです。でも、これしか風呂に入ることができないのなら仕方がないとずっと我慢し、諦めていただけに、普通の入浴ができたことに感激した涙だったのです。

普通の入浴のメリット

このご婦人と同じような身体機能であるにもかかわらず、機械浴で入浴している方は、おそらくたくさんいるでしょう。最近は、寝たままではなく、シャワーチェアに腰かけたままでカプセルのような浴槽に入る機械も販売されています。どの入浴用機械も高額で、かなりの設備投資にはなりますが、安心・安全のためには必須という理由で購入されていると思われます。

でも、私が知る限りで、普通の浴槽を半埋め込み式にして、同じ高さの椅子に腰かけて浴槽に入る方法が危険とは思えません。どのような場合も、介助なしで入浴しているわけではなく、上手にバランスを整え、マヒしている足を持ち上げるなどの介助はしているのです。また、寝たまま入る機械浴は介助する方が二人必要ですが、介助する方が一人の入浴が、とくに大変というわけでもありません。

この入浴法には、メリットはまだあります。

片マヒがあっても、健常な足で自分の体重を支えることができますし、健常な手で顔やからだを洗うことができます。「自分の身体機能がそれほど不自由になったわけではない。こうやって普通の風呂に入れるなら、まだまだできることがたくさんあるはず」と気持ちが前向きになれます。熱い湯が好きとかぬるい湯が好きとか、ゆっくり湯につかって温まってからからだを洗いたいとか、全身を洗ってからゆっくり湯につかりたいなどと、今までの生活習慣に沿った入浴ができます。

さらに、入浴を楽しもうという気持ちにもなります。普通の入浴で浴槽にゆっくりつかればその日の疲れがとれますし、「さあ、明日も頑張ろう！」とリフレッシュできます。家に風呂があるのに、わざわざスーパー銭湯や温泉に行く人が多いのは、清潔になるという目的だけではなく、できるだけ入浴を楽しみたいからです。

ただ清潔になるために、恥も外聞もかなぐり捨てる思いはさせたくないし、私自身もし

入浴介助のコツ

浴槽（床から 40 センチが理想）と同じ高さの椅子を浴槽にピッタリつけて置く。要介助者はそこに腰かけて（手すりがあればしっかりつかみ）、動く足を先に浴槽に入れる

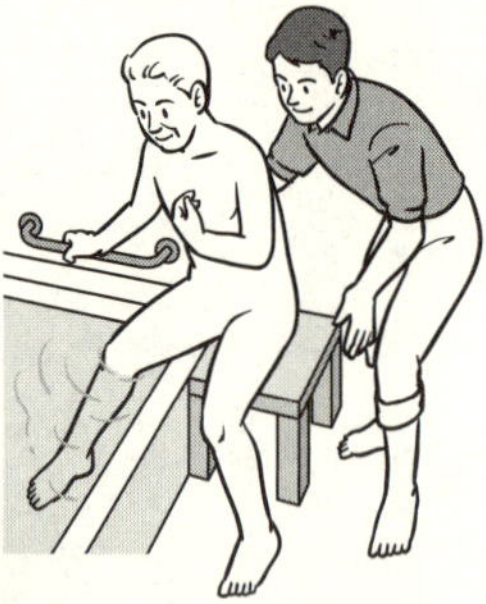

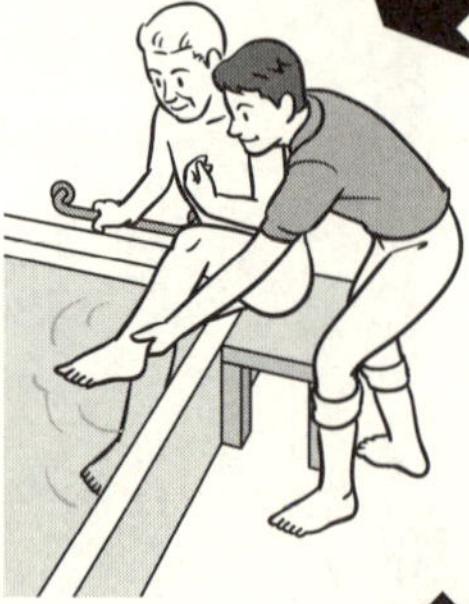

介助者は、後ろに倒れないように背中を支えたままマヒした足のアキレス腱あたりに手を添えて浴槽に入れる

両足が浴槽の床に着いていることを確認してから、お尻をはさむように持ってゆっくり押し出す

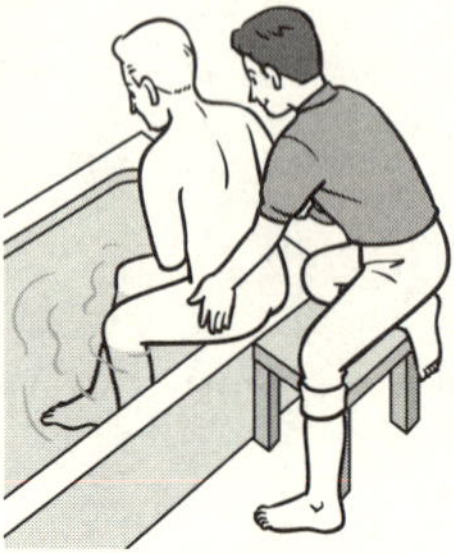

【手すりがない場合】

右マヒの人は左手で浴槽の縁をしっかりつかみ、前かがみのまま浴槽に立つ。浮力を利用してゆっくりからだを沈める。浴槽にはたっぷりと湯を張る。湯量が少ないと浮力が活かせない

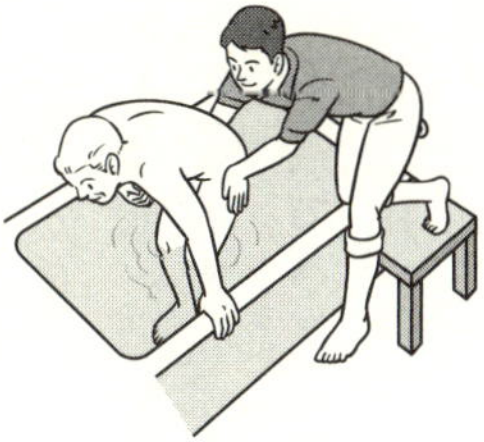

左マヒの人は右手で浴槽の縁をしっかりつかみ、前かがみのまま浴槽に立つ。浮力を利用してゆっくりからだを沈める。いずれも、介助者はお尻をはさむように手を添える

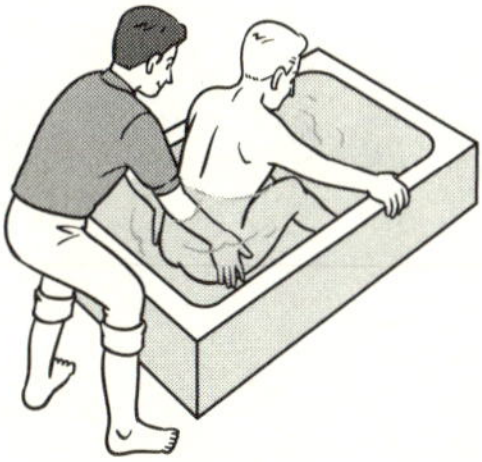

立ったまま、またいで浴槽に入るのはバランスをくずしやすく危険。必ず椅子に座って行う

【手すりがある場合】

手すりにしっかりつかまったまま、前かがみの姿勢でゆっくりお尻を浴槽に沈めていく。介助が必要な場合は、手を添える

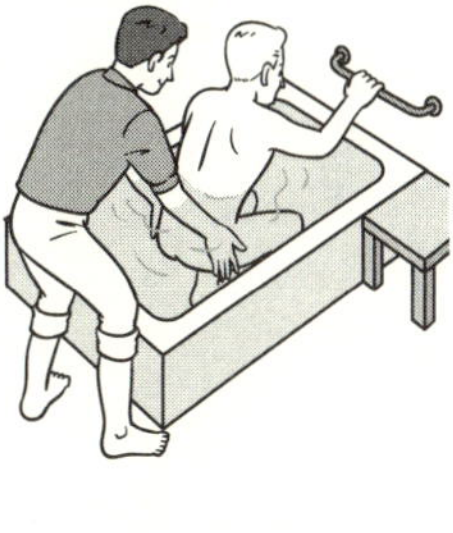

たくありませんので、私は〝こだわりの入浴セミナー〟に力を入れています。入浴することの意味をお話ししたあと、実際に浴槽に湯を入れて介助する側とされる側を体験していただくセミナーです。

なぜ体験が必要かと言えば、この入浴介助には、ちょっとしたコツが必要だからです。椅子に座って浴槽に足を入れるときにどこを支えたら安全か、浴槽につかっているときの姿勢はどのようにすればよいか、浴槽から立ち上がるときはどうすればよいかなどのコツは、体験するとてもわかりやすいので好評です。

大事なポイントは、浮力です。浮力を味方にできるかどうかが、この入浴法の成功につながります。

またいで入るのではなく、腰かけて入る

浴槽の高さは洗い場の床から四〇センチが理想ですが、三八〜四二センチでしたら許容範囲内です。その浴槽の高さに合わせた椅子を用意します。介護用品でよく見かける真ん中が凹んでいるものや、脚が少し開いていて浴槽の縁にピッタリつかない椅子は適当では

浴槽での安定した姿勢

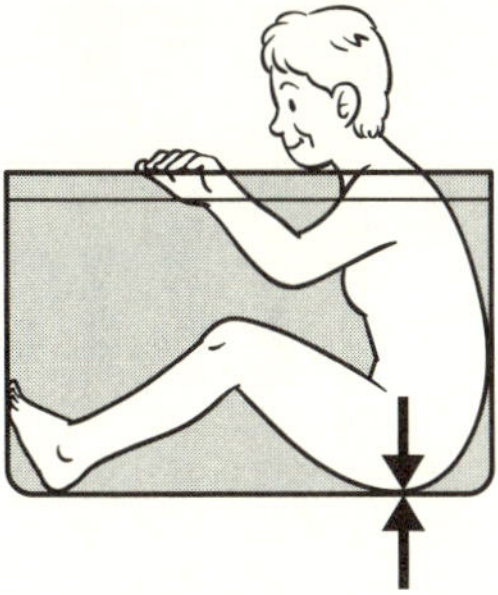

上半身は前かがみになる、手は必ず浴槽の前のほうをつかむ、足の先が浴槽の内壁に着くことが、からだの浮き上がりや後ろに倒れるのを防ぎ、安定した姿勢につながる

ありません。浴槽の高さにあわせて、縁台のような椅子が特注できればベストです。

この椅子に腰かけて体重をお尻に逃がし、片方ずつ足を浴槽に入れれば、簡単に入れます。脚力が弱くなって、またいで入ることが危なくなると、浴室の壁に縦に手すりをつけて、そこにつかまって入ろうと考えがちです。しかし、どこに手すりをつけようとも、またいで入ることには変わりなく、そもそもまたいで入ること自体が危険なのです。またぐのではなく、腰かけたままからだの向きを変えて入るだけで、今までの悩みが解消されたという方は数多くいらっしゃいます。この入り方がどれほど楽であるか、今すぐにでも体験してみることをおすすめします。

浴槽のなかでの姿勢

浴槽に入ったら底に腰を下ろし、足の裏を底に置き、後ろにもたれた姿勢からお尻を足先のほうへ近づけると、お腹が浮き上がってしまいます。お年寄りがこのような状態になると、びっくりしてお風呂に入るのが怖いと思うようになります。したがって、頭は必ずからだの中心より前になければいけません。足の裏が浴槽の壁まで届かないと、浴槽のなかでのバランスが崩れやすいので、広い浴槽では、足の長さに合わせて壁の代わりをつくると良いでしょう。よく洗ったブロックをバスタオルで巻いて沈めるだけでも、十分効果があります。

浴槽から出るときは、片方の手をできるだけ伸ばして浴槽の縁を持ち、片方の足を引いて、頭を前に出すと、浮力でお尻が上がってきます。これもご自分で浴槽に入り体験してみると、どこで手を貸したらよいかのポイントがわかりやすいでしょう。水中では軽く上がっても、水面から立ち上がるところは重くなるので、そこで力を貸してあげる必要があるというわけです。浴槽のなかで立ち上がれたら、入ったときと反対に、まず腰かけに腰を下ろし、片方ずつ足を出せばよいのです。この方法を知れば、入浴ケアがおおごとにならずに、家庭のお風呂に楽に入れる方は大勢いらっしゃるはずです。なお、浴槽のなかが見えないと危険ですので、白濁するような入浴剤は使わないようにします。

昔の生活習慣を大切にする

呆けた方の入浴ケアでは、残っている機能をきちんと生かすことに加えて、昔の生活習慣を大切にすることがポイントです。

呆けた方は、過去に経験しなかったことに出会うと、戸惑ったり驚いたりします。その代表がシャワーでしょう。とくに高齢の方は、いきなりシャワーをかけられてビックリしてしまい、風呂嫌いになったというケースも見受けられます。私はシャワーよりかけ湯をおすすめします。

ボディーソープやボディーシャンプーも、それがからだを洗うものであることにはなかなかつながりません。固形の化粧石鹸《せっけん》を使うと良いでしょう。

浴槽の出入りも、またいで入るのが一般的です。そのパターンが崩されると余計混乱させてしまいます。足腰が極端に弱って、またいで入ることが困難になったら、前述の腰かけて入る方法をとります。

とくにからだが不自由でなくても、お年寄りのいらっしゃる家庭では、早めに用意したほうがよいと思われるものに吸盤マットがあります。浴槽の床に吸盤で貼《は》り付けて使うものですが、吸着力の点からも、できるだけ吸盤が細かい物をおすすめします。

ステンレス浴槽・ホウロウ浴槽・ポリ浴槽など浴槽の材質はいろいろありますが、どの浴槽の底も滑りやすいのです。脚力が弱って立ち上がるときに足が滑ってしまうとあせってしまい、怖さを感じてしまうことから、入浴が嫌いになる場合もあります。

以上のような方法をとれば、家庭での入浴が可能になるケースはたくさんありますが、もし出かけることが全くなく（閉じ込もり症候群）、このままでは寝たきり予備軍になると思われるような場合は、家で入浴することは困難ということにして、入浴のためにデイサービスを利用するようなケアプランを組んでもらうとよいでしょう。知らない人たちの中には行きたくないと思われる方も、入浴のためには仕方なく出かけます。理由は何であれ、家に閉じこもることだけは避けなければならないのです。「上手なウソと演技力」で、押し出してあげることが大切です。

きちんとした生活ケアが、いかに大事であるかが伝わってくる事例をご紹介しましょう。

〈事例〉使える機能を生かすことで、寝たきりから半年で温水洗浄便座に座れた

立川頼子さん（八九歳・仮名）

自宅にて、立川頼子さんが脳梗塞で倒れているのが発見されたのが二〇〇六（平成一八）年一一月、八四歳のときでした。すぐに救急病院に搬送され、命に別状はなかったものの、左片マヒの後遺症が残りました。

救急病院では、足の付け根までの装具を着けてリハビリが行われていましたが、その後、転院した介護療養型病院では、寝たきりの生活が待っていました。寝たままでベッドを起こされての食事、決められた時間のオムツ交換、寝たまま入るお風呂です。娘さんがこの介護状況に疑問をもたれて、現在のホームへの入居を選ばれたのでした。入居を前にして、その病院に事前訪問したときの、娘さんの涙が今でも忘れられません。お母さんがかわいそうで、何とかしてあげたいという、真剣な涙でした。

入居に際して用意した介護用品が、幅の広いベッドとポータブルトイレでした。入居された当初は、からだの使い方をすっかり忘れてしまっている状態で、座位バランスも悪く、起き上がり介助や移乗介助のときに、思う方向にからだを動かしてもらえず、タイミングも合わせにくく、お互いに苦労がありました。

それでも、食事は食堂の椅子に移り、排泄はポータブルトイレを使用、入浴は腰かけを設置した普通の浴槽に入る生活を続けることで、座位バランスも安定し、マヒしていない側の脚力も戻り、移乗介助が楽になりました。

立川さんはこう打ち明けてくれました。

「息子が来て、『母さん、療養型の病院にいたときよりずっと良い顔になったね』と言われました。あの子もつらかったと思います。見舞いに来ると、私が連れて帰ってくれと泣いてばかりいましたからね。あのまま、病院にいたら、今ごろ完璧な寝たきりになっていたと思います」

入居されたばかりのころ、「早くトイレで温水洗浄便座が使えるようになりたい」と言っていた希望は、半年ほどで実現しました。入居されて二年半経った今では、それが当たり前のことになっています。

とはいっても、別に後遺症が軽くなったわけではありません。寝た状態から一人で起き上がることは、今でもできません。車椅子やトイレへの移動も、すべてに介助が必要です。でも彼女の右手・右足は、きちんと生活に活かされています。私たちは、マヒした左の手足の分に手を貸す介護をしているだけです。

終わり良ければすべて良し

「終わり良ければすべて良し」は、その発端や過程で失敗などがあっても、物事は結末さえよければまったく問題にならないという意味でよく使われます。

大田仁史先生（茨城県立医療大学名誉教授・茨城県立健康プラザ管理者）は、講演で「介護良ければ終わり良し、終わり良ければすべて良し」とよくお話しされます。私も、本当にその通りだと思います。

介護が必要になったとき、どのような介護に出会うかは、それからの人生にとっての大問題です。私は、介護の仕事をはじめたころ、天井を見ながら何年も寝かされているお年寄りに大勢出会いました。老人病院と言われるところです。最初は病気だから仕方がないのだと思っていましたが、実は寝かされ続けていたためにそうなったと知ったとき、何も知らずに介護していた自分がとても情けなく、またお年寄りにも申し訳ない気持ちでいっぱいになりました。ですから、介護をする方々には、こう伝えたいのです。

「少しでも元気になってもらえるような介護をしてください。そのために、ただ生きているだけではなく、生き活きと暮らせるための介護の仕方を学んでください」

前述の立川さんが入院していた介護療養型病院には、諦めの雰囲気が漂っていました。脳梗塞で倒れても、一命を取り留めただけでもありがたいと思えということなのでしょうか。命があること以外のすべてを諦め、天井を見て寝かされ、オムツに排泄をして屈辱を味わい、それでも命があって良かったと言えるのでしょうか。

あらためて、「介護良ければ終わり良し、終わり良ければすべて良し」という言葉を噛みしめている次第です。

あとがき

私が在宅介護に関わるようになったのは、一九八七（昭和六二）年に生協が倉庫を改築してはじめた生活リハビリクラブ（神奈川県川崎市）というデイサービスからでした。そこでの八年と、次の高齢者在宅サービスセンター（東京都町田市）での八年を合わせた一六年は、私に多くのことを教えてくれました。本書でご紹介した事例の多くは、そのころに私が関わった方々です。

その後、二〇〇四（平成一六）年には、愛媛県在宅介護研修センターができました。在宅介護を支えるための研修施設を、県が用意するという画期的な企画でした。私は、そこの運営管理をする指定管理者・ＮＰＯ法人愛と心えひめの一員として二年間仕事をしました。研修企画を立てたり、介護講座を行うという、介護そのものの仕事とはまったく違う仕事でした。

でも、介護保険制度が導入される前から在宅介護に関わり、在宅介護を続けている多くの方々との対話や、それを支える各サービス事業を束ねてきた体験などがすべて役に立ち、私なりに在宅介護を支えるためのプログラムを組み立てることができました。

在宅介護の中心は、何と言っても家族でしょう。何の準備もないままに介護をはじめることになった方、やがて介護をする日が来ることを予測してその備えをしたい方など、一般の方々への介護講座はとても意味のあることだと痛感しました。専門用語を使わず、分かりやすい介護講座を心がけました。

あわせて大事だと痛感したことは、在宅介護に関わる専門家の研修です。現在、在宅介護の要となっているのがケアマネジャーです。でも、ケアマネジャーの資格を取る前に、その方がどのような施設でどのような介護体験をしたかによって、立てるケアプランが違ってきます。

もちろん、介護を受けるご本人や家族は思いを伝えるでしょうが、目指す生活イメージが違うケアマネジャーに無理と言われたら、それ以上は何も望めなくなります。ケアプラン次第で、寝たきりになるか、残った機能を使って生き活き暮らせるか、その分かれ目になるとしたら、ケアマネジャーがどんな介護を知っているかは大問題です。

また、ヘルパー（訪問介護）の研修ではよくこう言いました。

「皆さんは、在宅介護の中で、一番滞在時間が長い専門家です」

つまり、そのヘルパーが持っている専門性がどのようなものであるかは、即生活に影響します。介護の心得がない家族は、ヘルパーの介護を真似るからです。たとえば、椅子にもたれて食事をしていることを何とも思わないようなヘルパーが来ていたら、誤嚥性肺炎になる危険を見逃してしまいます。そのような食事の仕方を何も問題視しない施設介護の経験を経て、在宅介護を支える仕事の責任者になるケースがたくさんあります。

そこで私の結論は、「在宅介護を良くするためには、施設介護が変わらなければならない」ということになりました。

「施設介護と在宅介護は違う」などと現状を正当化していたのでは、事態はまったく変わりません。きちんとした生活ケアが行われるように施設介護が変わり、そこで介護を学んだ人々が在宅介護に専門家として入り、きちんと身体機能を読み取り、それをどう補うのかをアドバイスし、介護する家族に正しい介護指導を行えるようになれば、要介護状態の進行も違ってくるでしょう。そして、在宅介護が困難な状況になったときには、どこの施設にも安心して託せるようになります。

介護保険制度が導入され、「今までは福祉でしたが、これからは権利です」などと、介護サービスを使うことを奨励しながら、介護保険料の徴収がはじまって一〇年以上経ちました。この間ずっと介護に関わる仕事をしてきた私は、今とても歯がゆい思いをしています。

介護保険料を徴収されるようになったら、もっと介護に対する関心が高まると期待していたのですが、「避けられるものなら避けて通りたい」と、身近なこととして感じていない方がまだまだ多いように思われます。「介護保険料は安いにこしたことはない」と金額は問題にしても、その中身についてあまり知ろうとされていないのではないでしょうか。

介護といっても、ピンからキリまであります。良い介護にも悪い介護にも、介護保険からは同じ額が支払われています。それならば、どこにいても、どこに行っても、良い介護を受けられるようにしようではありませんか。

それには、何が良い介護で何が悪い介護なのかを見極める目を、一人ひとりにもっていただきたいのです。少しでも多くの方が良い介護とは何かを知り、現在行われている介護に目を向け、気づいたことは遠慮しないで指摘するようになれば、介護は必ず変わります。介護が変われば、介護に対する不安も和らぐに違いありません。

本書が、その一助となることを、あらためて強く願うものです。また、私にとっても、これまでの仕事を振り返り、これからの役割を再認識することに大いに役立ったように思います。

最後になりましたが、出版に際してお世話になりました集英社新書編集部の鯉沼広行氏、金井田亜希氏、コーネルの小野博明氏にあらためて御礼を申し上げます。

二〇一一年三月

金田由美子

参考文献

金田由美子『ぼけの始まったお年寄りと暮らす～プロが伝える生き活き介護術』筒井書房、二〇〇七年
金田由美子監修『やさしい介護シリーズ3　家庭介護おたすけQ&A　おもらしから制度まで』BNN、一九九六年
大田仁史・三好春樹『完全図解　新しい介護』講談社、二〇〇三年
大田仁史・三好春樹『実用介護事典』講談社、二〇〇五年
三好春樹・大田仁史『NHK三好春樹のなるほど！　なっとく介護』NHK出版、二〇〇八年
三好春樹『元気がでる介護術』岩波書店、二〇〇二年
『ケアプランと記録の教室　'06 Vol.4 NO.5』日総研、二〇〇六年
『AERA臨時増刊　選ぶ介護2008』朝日新聞社、二〇〇八年
主婦の友社編集『新きほんBOOKS　はじめての介護　家族が倒れた。さあ、どうする』主婦の友社、二〇〇八年

データ　介護保険で受けられる主な介護（予防）サービスと費用の目安

（二〇一一年三月現在）

介護予防訪問リハビリテーション

生活行為を向上させる訓練が必要な場合、理学療法士、作業療法士、言語聴覚士の居宅訪問により、短期集中的なリハビリテーションが受けられます。

1回(20分以上)につき　3,303円(331円)

介護予防居宅療養管理指導

医師、歯科医師、薬剤師、管理栄養士、歯科衛生士、看護師などの居宅訪問により、介護予防を目的とした療養管理や指導が受けられます。

医師または歯科医師による指導
1回　5,000円(500円)【1カ月2回限度】

医療機関の薬剤師による薬学的な指導
1回　5,500円(550円)【1カ月2回限度】

薬局の薬剤師による薬学的な指導
1回　5,000円(500円)【1カ月4回限度】

管理栄養士による栄養管理
1回　5,300円(530円)【1カ月2回限度】

歯科衛生士による実地指導
1回　3,500円(350円)【1カ月4回限度】

看護師等による実地指導
1回　4,000円(400円)

※(　)内は利用者負担額

データ

介護保険で受けられる主な介護予防サービスと費用の目安 <要支援1・2の方の場合>

居宅サービス

■訪問サービス

介護予防訪問介護（ホームヘルプ）

自力行為が困難ながら家族や地域の手助けが受けられない場合、ホームヘルパーによる居宅訪問サービスが受けられます。

週1回程度　1カ月　13,635円（1,364円）
週2回程度　1カ月　27,271円（2,728円）

介護予防訪問入浴介護

居宅に浴室がない場合や、感染症などの理由から他施設の浴室利用が困難な場合などに限って、入浴車での訪問による入浴、洗髪、清拭などのサービスが受けられます。

1回につき　9,436円（944円）

介護予防訪問看護

疾患を抱えている場合、看護師などの居宅訪問により、介護予防を目的とした診療補助や療養のサービスが受けられます。

訪問看護ステーション（30分未満）　4,602円（461円）
（30分以上1時間未満）　8,988円（899円）
病院または診療所　（30分未満）　3,714円（372円）
（30分以上1時間未満）　5,956円（596円）

※（　）内は利用者負担額

■短期入所サービス（ショートステイ）

介護予防短期入所生活介護

特別養護老人ホームなどの福祉施設に連続30日を限度に短期間入所して、介護予防を目的とした日常生活上のサービスやリハビリテーションが受けられます。利用日数は、原則として要支援認定の有効期間の約半数までです。

特別養護老人ホームの場合

【要支援1】1日当たり　5,489円（549円）多床室

【要支援2】1日当たり　6,760円（676円）多床室

介護予防短期入所療養介護

介護老人保健施設や介護療養型医療施設などに連続30日を限度に短期間入所して、介護予防を目的とした医療やリハビリテーション、日常生活上の支援やサービスが受けられます。

介護老人保健施設の場合

【要支援1】1日当たり　6,739円（674円）多床室

【要支援2】1日当たり　8,383円（839円）多床室

※（　）内は利用者負担額

■通所サービス

介護予防通所介護（デイサービス）

送迎により、通所介護施設（デイサービスセンター）に通い、食事、入浴などの基本サービス、生活行為向上のための選択的プログラムサービスが受けられます。食費は実費です。

【要支援1】1カ月　23,773円（2,378円）
【要支援2】1カ月　46,490円（4,649円）

選択的プログラムを追加した場合に加算される費用

運動器機能向上加算	1カ月	2,403円（241円）
栄養改善加算	1カ月	1,602円（161円）
口腔機能向上加算	1カ月	1,602円（161円）
アクティビティ実施加算	1カ月	566円（57円）＊

＊集団的に行われるレクリエーション、創作活動などの機能訓練

介護予防通所リハビリテーション（デイケア）

送迎により、医療機関や介護老人保健施設（デイケアセンター）などで、理学療法士や作業療法士などによるリハビリに合わせた選択的プログラムサービスが受けられます。食費は実費です。

【要支援1】1カ月　27,031円（2,704円）
【要支援2】1カ月　52,850円（5,285円）

選択的プログラムを追加した場合に加算される費用

運動器機能向上加算	1カ月	2,436円（244円）
栄養改善加算	1カ月	1,624円（163円）
口腔機能向上加算	1カ月	1,624円（163円）

※（　）内は利用者負担額

地域密着型サービス

地域密着型サービスとは、身近な生活圏域ごとに拠点(地域包括支援センター)をつくり、住み慣れた地域での高齢者の生活を支えていくために、地域の実情に合わせて保険者の裁量で整備されたサービスのことです。原則として、他の市区町村のサービスは利用できません。

介護予防認知症対応型通所介護

送迎により、認知症の要支援者は、少人数の認知症専用デイサービス施設に通い介護予防を目的とするサービスが受けられます。入浴は加算、食費は実費です。

【要支援1】1日　6,725円(673円)

【要支援2】1日　7,483円(749円)

介護予防認知症対応型共同生活介護(グループホーム)

要支援2の認知症の要支援者は、5〜9人で共同生活をする場で介護予防を目的とするサービスが受けられます。要支援1の方は利用できません。

1日につき　8,875円(888円)

介護予防小規模多機能型居宅介護

通いを中心に、利用者の選択によって訪問や泊まりの介護予防を目的としたサービスが受けられます。

【要支援1】1カ月につき　48,399円(4,840円)

【要支援2】1カ月につき　86,585円(8,659円)

※(　)内は利用者負担額

■その他のサービス

介護予防特定施設入居者生活介護

特定施設の指定を受けた有料老人ホームなどに入居している要支援者は、介護予防を目的とした日常生活上のサービスを受けることができます。

【要支援1】1日につき　2,168円(217円)
【要支援2】1日につき　5,008円(501円)

介護予防福祉用具貸与

福祉用具のうち介護予防に役立つものについて、費用の1割負担で貸与されます。種目は、工事を伴わない手すりやスロープ、歩行器、歩行補助杖で、要支援1･2の方は、上記以外の車椅子、特殊寝台などの貸与は原則できません。

介護予防住宅改修費の支給

要介護状態の区分にかかわらず、手すりの取り付け、スロープ設置、滑り防止、床材の変更、引き戸への扉の取り替え、便器の取り替えなど、小規模な改修工事が対象です。事前の申請手続きが必要で、原則、同一住宅で一度だけ上限額が利用できます。

上限額は20万円(1割は利用者負担)

※(　)内は利用者負担額

訪問看護

看護師や保健師の居宅訪問により、主治医の指示に従って病状のチェック、床ずれの手当てなどが受けられます。

訪問看護ステーション　（30分未満）4,602円（461円）
（30分以上1時間未満）8,988円（899円）
病院または診療所　（30分未満）3,714円（372円）
（30分以上1時間未満）5,956円（596円）

訪問リハビリテーション

理学療法士や作業療法士、言語聴覚士の居宅訪問により、医師が必要と認めたリハビリテーションが受けられます。

1回（20分以上）につき　3,303円（331円）

居宅療養管理指導

医師などの居宅訪問により、口腔のケア、栄養管理、調理指導など療養上の管理や指導が受けられます。

医師または歯科医師による指導
1回　5,000円（500円）【1カ月2回限度】
医療機関の薬剤師による薬学的な指導
1回　5,500円（550円）【1カ月2回限度】
薬局の薬剤師による薬学的な指導
1回　5,000円（500円）【1カ月4回限度】
管理栄養士による栄養管理
1回　5,300円（530円）【1カ月2回限度】
歯科衛生士による実地指導
1回　3,500円（350円）【1カ月4回限度】
看護師等による実地指導
1回　4,000円（400円）

※（　）内は利用者負担額

データ

介護保険で受けられる主な介護サービスと費用の目安

<要介護1～5の方の場合>

居宅サービス

■訪問サービス

訪問介護(ホームヘルプサービス)

ホームヘルパーの居宅訪問により、食事、入浴、排泄などの身体介護、買い物、調理、洗濯などの生活援助が受けられます。通院用の乗降介助(介護タクシー)も利用できます。

○身体介護	(30分未満)	2,806円(281円)
	(30分以上1時間未満)	4,442円(445円)
	(1時間以上1時間30分未満)	6,453円(646円)

以降30分を増すごとに917円(92円)を加算

時間帯による加算

夜間(午後6時から午後10時まで)	25%加算
早朝(午前6時から午前8時まで)	25%加算
深夜(午後10時から午前6時まで)	50%加算

○生活援助	(30分以上1時間未満)	2,530円(253円)
	(1時間以上)	3,215円(322円)

生活援助は同居の家族がいる場合は原則受けられません。

○通院等のための乗車または降車の介助

1,105円(111円)[片道] 介護タクシーの運賃は全額自己負担

訪問入浴介護

介護職員と看護師の入浴車での居宅訪問により、簡易浴槽を持ち込んだ入浴の介護が受けられます。

1回につき　13,812円(1,382円)

※(　)内は利用者負担額

■短期入所サービス（ショートステイ）

短期入所生活介護

福祉施設に、連続30日を限度に短期間入所して、日常生活上のサービスやリハビリテーションなどが受けられます。期間が長いため、介護する方の急用や急病などの緊急時や、介護する方のリフレッシュに定期的に利用されます。

特別養護老人ホームの場合
【要介護1】1日につき　7,508円　（751円）多床室
【要介護5】1日につき　10,519円（1,052円）多床室

短期入所療養介護

介護老人保健施設や介護療養型医療施設などに、連続30日を限度に短期間入所して、医療・看護的管理のもと、必要な医療や機能訓練、食事、入浴、排泄など日常生活上や療養上のサービスが受けられます。

介護老人保健施設の場合
【要介護1】1日につき　9,024円　（903円）多床室
【要介護5】1日につき　11,256円（1,126円）多床室
日帰りの場合
4時間以上6時間未満　9,612円　（962円）

※（　）内は利用者負担額

■通所サービス

通所介護（デイサービス）

送迎によって通所介護施設（デイサービスセンター）に通い、日帰りで食事、入浴、レクリエーションなどのサービスや訓練が受けられます。介護する方のリフレッシュ、介護される方の閉じこもり防止にも効果があります。入浴は加算、食費は実費です。

通常規模型（所要時間6〜8時間）の場合
【要介護1】 7,230円 （723円）
【要介護5】12,015円（1,202円）

通所リハビリテーション（デイケア）

送迎によって介護老人保健施設や医療機関のデイケアセンターに通い、食事、入浴などのサービスや、理学療法士などによるリハビリテーションが受けられます。入浴は加算、食費は実費です。

通常規模の事業所（所要時間4〜6時間）の場合
【要介護1】 5,577円 （558円）
【要介護5】 10,342円（1,035円）

特定福祉用具購入費の支給

排泄や入浴で、直接人の肌にふれる用具(腰かけ便座、入浴補助用具、特殊尿器、簡易浴槽、移動用リフトのつり具など)の購入費が支給されます。要介護状態の区分にかかわらず利用でき、期間は4月から翌年3月までの1年間です。

上限額は10万円(1割は利用者負担)

ケアプランに基づく費用の例(要介護5の方)

サービスの種類	1カ月の回数	単　価	月　額
訪問介護(排泄、着替えなど、30分未満)			
	16回(週4回)	2,806円	44,896円
訪問介護(入浴、排泄など、1時間未満)			
	12回(週3回)	4,442円	53,304円
訪問看護(訪問看護ステーション、30分未満)			
	4回(週1回)	4,602円	18,408円
通所介護(デイサービス、6〜8時間)			
	8回(週2回)	12,015円	96,120円
	月額合計		212,728円
利用者が実際に負担する額			**21,273円**

※金額は標準額です。地域によって異なります。

■その他のサービス

特定施設入居者生活介護

有料老人ホームやケアハウスなどに入居する要支援者は、日常生活上の介護やサービス、リハビリテーションが受けられます。

【要介護1】1日につき　6,098円(610円)

【要介護5】1日につき　9,088円(909円)

福祉用具貸与

日常生活の自立を助けるための福祉用具が、費用の1割負担で貸与されます。

＜要介護1の方＞

種目:工事を伴わない手すりとスロープ、歩行器、歩行補助杖

ただし、原則として車椅子・特殊寝台などは貸与されません。

＜要介護2～5の方＞

種目:車椅子、車椅子付属品、特殊寝台、特殊寝台付属品、床ずれ防止用具、体位変換器、工事を伴わない手すりとスロープ、歩行器、歩行補助杖、徘徊感知機器、移動用リフト(つり具を除く)

住宅改修費の支給

要介護状態の区分にかかわらず、手すりの取り付け、スロープ設置、滑り防止、床材の変更、引き戸への扉の取り替え、便器の取り替えなど、小規模な改修工事が対象です。事前の申請手続きが必要で、原則、同一住宅で一度だけ上限額が利用できます。

上限額は20万円(1割は利用者負担)

※(　)内は利用者負担額

小規模多機能型居宅介護

通い（デイサービス）を中心に、利用者の選択によって訪問や泊まりのサービスを組み合わせることができます。多機能なサービスが受けられます。

【要介護1】1カ月　123,786円（12,379円）
【要介護5】1カ月　304,539円（30,454円）

夜間対応型訪問介護

夜10時から翌朝6時までの夜間に、ホームヘルパーの訪問による介護が受けられます。定期的な巡回や通報による随時訪問を組み合わせることができます。

基本夜間対応型訪問介護費	1カ月につき	11,050円	（1,105円）
定期巡回サービス費	1回につき	4,210円	（421円）
随時訪問サービス費	1回につき	6,409円	（641円）

地域密着型介護老人福祉施設

定員が29人以下と小規模な介護老人福祉施設の入所者が、日常生活上の介護や機能訓練などのサービスが受けられます。

【要介護1】1日につき　6,952円（696円）多床室
【要介護5】1日につき　9,964円（997円）多床室

※（　）内は利用者負担額

地域密着型サービス

認知症対応型通所介護

送迎により、認知症の高齢者が専用のデイサービスを行う施設に通って、日常生活上の介護や機能訓練が受けられます。入浴は加算、食費は実費です。

単独型（所要時間4〜6時間）の場合

【要介護1】1日 7,743円 （775円）

【要介護5】1日10,970円（1,097円）

認知症対応型共同生活介護（グループホーム）

認知症の高齢者が、5〜9人で共同生活をしながら、日常生活上の介護や機能訓練などのサービスが受けられます。

【要介護1】1日につき　8,875円（888円）

【要介護5】1日につき　9,612円（962円）

地域密着型特定施設入居者生活介護

有料老人ホームやケアハウスなどのうち、入居定員が29人以下の小規模な介護専用型特定施設に入所して、日常生活上の介護や機能訓練などのサービスが受けられます。

【要介護1】1日につき　6,098円（610円）

【要介護5】1日につき　9,088円（909円）

※（　）内は利用者負担額

利用者負担の軽減

① **高額介護（予防）サービス費**

同じ世帯で、同じ月内サービス利用料（1割の自己負担分）の合計が基準額を超えた場合に支給されます。

② **介護保険負担限度額認定**

施設入所・短期入所による食費と居住費（滞在費）が所得の段階に応じた自己負担限度額を超えた分が給付されます。

③ **社会福祉法人利用者負担軽減制度**

社会福祉法人や市区町村運営の特別養護老人ホームに入所し、要件（単身世帯で年間収入が150万円以下。単身世帯で預貯金等の額が350万円以下。日常生活に供する資産以外に活用できる資産がないなど）のすべてを満たした方は、介護保険の利用者負担1割分と食費・居住費の4分の1が減額されます。

④ **介護保険給付対象金額内での貸し付け**

高額になった介護（予防）サービス費や住宅改修費、福祉用具購入費について給付対象金額内での貸し付けがあります。

⑤ **利用者負担減額・免除**

災害などの特別な理由で利用者負担が一時的に困難になった場合、1割の負担額が減額・免除されることがあります。

上記利用者負担の軽減のためには、すべて申請が必要です。

※掲載した費用の目安は、平成22年3月1日現在の状況に基づきます。金額は、市区町村によって異なる場合があります。※資料／『介護保険総合パンフレット 平成22年度版 』（東京都目黒区健康福祉部介護保険課）

施設サービス

介護老人福祉施設（特別養護老人ホーム）

介護が常時必要で居宅での生活が困難な方が入所して、日常生活上の介護や機能訓練、健康管理などのサービスが受けられます。食費と居住費は全額自己負担です。

【要介護1】1日につき　6,952円（696円）多床室
【要介護5】1日につき　9,964円（997円）多床室

介護老人保健施設（老人保健施設）

病状が安定しているが居宅での生活が困難な方が、在宅復帰を目指し、必要な医療、介護、リハビリテーションに重点を置いたケアが受けられます。食費と居住費は全額自己負担です。

【要介護1】1日につき　8,682円　（869円）多床室
【要介護5】1日につき　10,914円（1,092円）多床室

介護療養型医療施設

急性期の治療を終えて長期の療養を必要とする方が入所する医療施設で、介護、看護、リハビリテーションなどが受けられます。食費と居住費は全額自己負担です。

【要介護1】1日につき　8,479円　（848円）多床室
【要介護5】1日につき　14,247円（1,425円）多床室

※（　）内は利用者負担額

イラストレーション／佐久間広己
図版作成／クリエイティブメッセンジャー

金田由美子（かねだ ゆみこ）

一九四九年東京都生まれ。在宅サポートセンター生田・センター長。三好春樹氏（理学療法士・生活とリハビリ研究所主宰）の主宰する生活リハビリ講座で得た介護理念と介護技術を基本に、介護現場で働く。著書『ぼけの始まったお年寄りと暮らす～プロが伝える生き活き介護術』（筒井書房）、監修『やさしい介護シリーズ3　家庭介護おたすけQ&A　おもらしから制度まで』（BNN）ほか。

介護《かいご》不安《ふあん》は解消《かいしょう》できる

集英社新書〇五八三I

二〇一一年三月二二日　第一刷発行
二〇一六年九月三〇日　第二刷発行

著者……金田《かねだ》由美子《ゆみこ》
発行者……茨木政彦
発行所……株式会社集英社
東京都千代田区一ツ橋二-五-一〇　郵便番号一〇一-八〇五〇
電話　〇三-三二三〇-六三九一（編集部）
〇三-三二三〇-六〇八〇（読者係）
〇三-三二三〇-六三九三（販売部）書店専用

装幀……原　研哉
印刷所……凸版印刷株式会社
製本所……ナショナル製本協同組合

定価はカバーに表示してあります。

ISBN 978-4-08-720583-1 C0247

集英社新書　好評既刊

医療・健康――I

人体常在菌のはなし　青木皐
希望のがん治療　斉藤道雄
医師がすすめるウオーキング　泉嗣彦
病院で死なないという選択　中山あゆみ
インフルエンザ危機《クライシス》　河岡義裕
心もからだも「冷え」が万病のもと　川嶋朗
知っておきたい認知症の基本　川畑信也
貧乏人は医者にかかるな！ 医師不足が招く医療崩壊　永田宏
見習いドクター、患者に学ぶ　林大地
禁煙バトルロワイヤル　太田光／奥仲哲弥
専門医が語る 毛髪科学最前線　板見智
誰でもなる！ 脳卒中のすべて　植田敏浩
新型インフルエンザ 本当の姿　河岡義裕
医師がすすめる男のダイエット　井上修二
肺が危ない！　生島壮一郎
ウツになりたいという病　植木理恵
腰痛はアタマで治す　伊藤和磨
介護不安は解消できる　金田由美子
話を聞かない医師 思いが言えない患者　磯部光章
発達障害の子どもを理解する　小西行郎
先端技術が応える！ 中高年の目の悩み　横井則彦
災害と子どものこころ　清水將之／柳田邦男／井出浩／田中究
老化は治せる　後藤眞
名医が伝える漢方の知恵　丁宗鐵
ブルーライト 体内時計への脅威　坪田一男
子どもの夜ふかし 脳への脅威　三池輝久
腸が寿命を決める　澤田幸男／神矢丈児
日本は世界一の「医療被曝」大国　近藤誠
「間の悪さ」は治せる！　小林弘幸
すべての疲労は脳が原因　梶本修身
西洋医学が解明した「痛み」が治せる漢方　井齋偉矢
糖尿病は自分で治す！　福田正博
アルツハイマー病は治せる、予防できる　西道隆臣

a pilot of wisdom

教育・心理――E

ホンモノの文章力　樋口裕一
中年英語組　岸本周平
おじさん、語学する　塩田　勉
感じない子ども こころを扱えない大人　袰岩奈々
レイコ@チョート校　岡崎玲子
大学サバイバル　古沢由紀子
語学で身を立てる　猪浦道夫
ホンモノの思考力　樋口裕一
共働き子育て入門　普光院亜紀
世界の英語を歩く　本名信行
かなり気がかりな日本語　野口恵子
人はなぜ逃げおくれるのか　広瀬弘忠
英語は動詞で生きている！　晴山陽一
悲しみの子どもたち　岡田尊司
行動分析学入門　杉山尚子
あの人と和解する　井上孝代
就職迷子の若者たち　小島貴子
日本語はなぜ美しいのか　黒川伊保子
性のこと、わが子と話せますか？　村瀬幸浩
「人間力」の育て方　堀田　力
「やめられない」心理学　島井哲志
学校崩壊と理不尽クレーム　嶋﨑政男
死んだ金魚をトイレに流すな　近藤　卓
「才能」の伸ばし方　折山淑美
演じる心、見抜く目　友澤晃一
外国語の壁は理系思考で壊す　杉本大一郎
○《まる》のない大人 ×《ばつ》だらけの子ども　袰岩奈々
巨大災害の世紀を生き抜く　広瀬弘忠
メリットの法則 行動分析学・実践編　奥田健次
「謎」の進学校 麻布の教え　神田憲行
孤独病 寂しい日本人の正体　片田珠美
「文系学部廃止」の衝撃　吉見俊哉
口下手な人は知らない話し方の極意　野村亮太

社会――B

ルポ 在日外国人	髙 賛侑
教えない教え	権藤 博
携帯電磁波の人体影響	矢部 武
イスラム―癒しの知恵	内藤 正典
モノ言う中国人	西本 紫乃
二畳で豊かに住む	西 和夫
「オバサン」はなぜ嫌われるか	田中ひかる
新・ムラ論TOKYO	隈 研吾／清野 由美
原発の闇を暴く	広瀬 隆／明石昇二郎
伊藤Pのモヤモヤ仕事術	伊藤 隆行
電力と国家	佐高 信
愛国と憂国と売国	鈴木 邦男
事実婚 新しい愛の形	渡辺 淳一
福島第一原発―真相と展望	アーニー・ガンダーセン
没落する文明	萱野 稔人／神里 達博
人が死なない防災	片田 敏孝
イギリスの不思議と謎	金谷 展雄
妻と別れたい男たち	三浦 展
「最悪」の核施設 六ヶ所再処理工場	小出 裕章／渡辺 満久／明石昇二郎
ナビゲーション「位置情報」が世界を変える	山本 昇
視線がこわい	上野 玲
「独裁」入門	香山リカ
吉永小百合、オックスフォード大学で原爆詩を読む	早川 敦子
原発ゼロ社会へ！ 新エネルギー論	広瀬 隆
エリート×アウトロー 世直し対談	堀田 力／玄 秀盛
自転車が街を変える	秋山 岳志
原発、いのち、日本人	浅田次郎／藤原新也 ほか
「知」の挑戦 本と新聞の大学Ⅰ	一色 清／姜 尚中 ほか
「知」の挑戦 本と新聞の大学Ⅱ	一色 清／姜 尚中 ほか
東海・東南海・南海 巨大連動地震	高嶋 哲夫
千曲川ワインバレー 新しい農業への視点	玉村 豊男
教養の力 東大駒場で学ぶこと	斎藤 兆史
消されゆくチベット	渡辺 一枝

a pilot of wisdom

爆笑問題と考える　いじめという怪物　太田　光／NHK「探検バクモン」取材班
部長、その恋愛はセクハラです！　牟田和恵
モバイルハウス　三万円で家をつくる　坂口恭平
東海村・村長の「脱原発」論　村上達也／神保哲生
「助けて」と言える国へ　奥田知志／茂木健一郎
わるいやつら　宇都宮健児
ルポ「中国製品」の闇　鈴木譲仁
スポーツの品格　桑田真澄／佐山和夫
ザ・タイガース　世界はボクらを待っていた　磯前順一
ミツバチ大量死は警告する　岡田幹治
本当に役に立つ「汚染地図」　沢野伸浩
「闇学」入門　中野　純
100年後の人々へ　小出裕章
リニア新幹線　巨大プロジェクトの「真実」　橋山禮治郎
人間って何ですか？　夢枕　獏　ほか
東アジアの危機「本と新聞の大学」講義録　一色　清／姜　尚中　ほか
不敵のジャーナリスト　筑紫哲也の流儀と思想　佐高　信

騒乱、混乱、波乱！　ありえない中国　小林史憲
なぜか結果を出す人の理由　野村克也
イスラム戦争　中東崩壊と欧米の敗北　内藤正典
刑務所改革　社会的コストの視点から　沢登文治
沖縄の米軍基地「県外移設」を考える　高橋哲哉
日本の大問題「10年後を考える」――「本と新聞の大学」講義録　一色　清／姜　尚中　ほか
原発訴訟が社会を変える　河合弘之
奇跡の村　地方は「人」で再生する　相川俊英
日本の犬猫は幸せか　動物保護施設アークの25年　エリザベス・オリバー
おとなの始末　落合恵子
性のタブーのない日本　橋本　治
ジャーナリストはなぜ「戦場」へ行くのか――取材現場からの自己検証　危険地報道を考えるジャーナリストの会・編
医療再生　日本とアメリカの現場から　大木隆生
ブームをつくる　人がみずから動く仕組み　殿村美樹
「18歳選挙権」で社会はどう変わるか　林　大介
3・11後の叛乱　反原連・しばき隊・SEALDs　笠井　潔／野間易通
「戦後80年」はあるのか――「本と新聞の大学」講義録　一色　清／姜　尚中　ほか